권경민
인문학 일타강사의

맥주로 떠나는
인문학 강의

권경민
인문학 일타강사의

인문학 강의

「홉향기 가득 맥주인문학 강의」 개정판

발 행 일	2025. 2. 2
지 은 이	권경민
편 집	권 율
디 자 인	김현순
발 행 인	권경민
발 행 처	한국지식문화원
출판등록	제 2021-000105호 (2021년 05월 25일)
주 소	서울시 서초구 서운로13 중앙로얄빌딩
대표전화	0507-1467-7884
홈페이지	www.kcbooks.org
이 메 일	admin@kcbooks.org
ISBN	97911-7190-105-0

ⓒ 한국지식문화원 2025
본 책 내용의 전부 또는 일부를 재사용하려면
반드시 저작권자의 동의를 받으셔야 합니다.

권경민 인문학 일타강사의
맥주로 떠나는 인문학 강의

권경민 지음

「흡향기 가득 맥주인문학 강의」 개정판

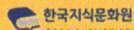
한국지식문화원
BOOK PUBLISHING

| 프롤로그 |

　맥주는 인류의 역사와 문화, 그리고 사회적 변화를 담아낸 생생한 기록입니다. 한 잔의 맥주를 통해 우리는 수천 년 전 고대 문명에서 현대에 이르기까지 이어진 인간의 이야기를 읽을 수 있습니다.
　이 책은 맥주의 기원에서부터 오늘날에 이르기까지 그 여정을 탐구하며, 이를 단순한 음료 이상의 문화적, 사회적 상징으로 바라보고자 합니다. 맥주는 곡물의 발효로 탄생한 우연의 산물이었지만, 시간이 지나면서 인간의 지혜와 열정, 그리고 창의성이 결합된 예술적 산물로 진화했습니다.
　이 책은 맥주라는 주제를 통해 인류의 다양한 이야기를 풀어내고자 하는 작은 시도에서 시작되었습니다. 많은 사람들이 맥주를 일상 속 즐거움으로 여깁니다. 하지만 그 안에는 우리가 미처 알지 못했던 흥미로운 역사, 사회적 상징성, 그리고 과학적 발견이 녹아

있습니다. 이 책을 통해 독자 여러분은 맥주의 역사적 배경뿐만 아니라, 맥주가 각 지역의 문화와 어떤 방식으로 융합되고 발전해왔는지를 알게 될 것입니다. 맥주가 단순히 즐거움을 주는 음료가 아니라, 사회적, 경제적, 그리고 철학적 담론까지 아우를 수 있는 깊이 있는 존재임을 느끼게 될 것입니다. 또한 일상에서 맥주의 매력에 빠질 수 있는 궁금증을 해결할 맥주 상식도 알게 될 것입니다.

이 책이 맥주를 사랑하는 모든 이들에게 즐거움과 새로운 통찰을 선사하길 바랍니다. 맥주를 둘러싼 깊고 풍부한 이야기가 여러분의 일상에 새로운 대화와 영감을 불어넣기를 희망합니다.

마지막으로 이 책이 나오기까지 도움을 주신 모든 분들께 깊은 감사를 드립니다. 여러분의 열정과 협력이 없었다면 이 책은 빛을 볼 수 없었을 것입니다.

한 잔의 맥주가 우리의 대화를 더욱 풍요롭게 하듯, 독자 여러분께서 이 책을 통해 맥주의 풍미뿐만 아니라 그 속에 담긴 인문학적 깊이를 함께 음미하며, 삶의 즐거움과 지혜를 느낄 수 있기를 희망합니다.

저자 권경민
인문학컨텐츠연구소 대표

프롤로그 4

01. 인류의 농경 생활을 부른 맥주 10
　| 커피, 초콜릿 향을 부르는 맥아 | 14
02. 맥주가 없었다면 피라미드도 없다? 18
　| 한눈에 보는 맥주 양조 과정 | 21
03. 성 코르비니안과 12명의 수도자 26
　| 알고 마시자! 수도원 맥주 | 34
04. 맥주순수령 어디까지 순수할까? 39
　| 맥주의 마약 소스 '홉' | 43
05. 미국 맥주 역사의 첫 장 메이플라워호 49
　| 맥주 맛을 살리는 잔 관리 | 52
06. 영국 제국주의 IPA 맥주 51
　| 맥주가 뱃살의 주범? | 60
07. 9월 넷째 목요일 17:59 건배! 65
　| 맥주는 얼마나 독하게 만들 수 있나? | 71
08. 맥주 축제가 된 결혼식 옥토버페스트 74
　| 한국에는 치맥, 독일에는 족맥 | 79
09. 체코에서 황금빛 맥주 시대를 열다 82
　| 체코 맥주는 웬만하면 12도? | 86
10. 세상을 바꾼 3대 맥주 발명 90
　| 공기 중 야생 효모와 미생물의 콜라보 '람빅' | 96
11. 100년, 100건 넘는 소송 원조는 누구? 102
　| 생맥주 기계에 왜 탄산을 연결할까? | 106
12. 금주령이 만든 스타 마피아 '알 카포네' 109
　| 생맥주 기계의 불편한 진실 | 112
13. 히틀러, 맥주홀에서 쿠데타를 꿈꾸다 126
　| 바야흐로 밀맥주 전성시대 | 131

14. 영국을 구한 전투기에 폭탄 대신 맥주 155
    | 영국의 전투기 비어, 체코의 탱크 비어? | 158
15. 영국 맥주의 자존심 리얼 에일 136
    | 물 타지 않은 맥주? | 142
16. 우유 배달원이 살려낸 벨기에 밀맥주 144
    | 병맥주 vs 캔맥주 진검승부 | 149
17. 백악관에서 맥주를 양조한 대통령 154
    | 맥주와 요리 마리아주 | 160
18. 국산 맥주가 정말 대동강 맥주보다 맛없다? 166
    | 수제맥주는 수작업으로 만든 맥주일까? | 170
19. 맥주가 부족해서 탄생한 라들러 175
    | 나만의 맥주 칵테일 만들기 | 178
20. 미국의 맥주문화혁명 '크래프트 비어' 182
    | 나만의 인생맥주 즐기기! | 186
21. 홈브루잉 문화의 확산 191
    | 홈브루잉 2차발효 팁! | 195

참고문헌, 사이트 202

1. 인류의 농경생활을 부른 맥주

 인류가 채집, 수렵 생활에서 농경생활로 정착한 이유는 여러 가지가 있다. 그 이유 중 하나가 빵이 아닌 맥주라는 흥미로운 주장이 있다. 맥주는 어떻게 인류의 농경사회로 진화를 촉발했을까?

 인류 역사상 가장 오래된 술은 맥주다. 술에 관한 기록 중에 가장 오래된 것은 중동 지역 유프라테스강 유역에서 발견되었다. 기원전 4,000년경 수메르인의 점토판에 맥주에 관한 설형문자 기록이 나온다.

기원전 4,000년경 기록 속 최초의 맥주는 오늘날 우리가 마시는 맥주와는 다소 차이가 있다. 보리가 아닌 귀리로 만들어진 맥주는 보리 맥아와 달리 전분의 당화가 용이하지 않아서 발효 효율이 떨어졌을 것이다. 따라서 귀리로 만든 맥주는 알코올 함량 1~2% 내외의 약한 술이었을 것으로 추정된다. 오늘날의 맥주와는 달리 죽처럼 걸쭉한 형태로 긴 빨대를 이용해서 마셨던 것으로 추정할 수 있다.

기원전 1,800년경 수메르인의 맥주 여신 닌카시를 찬양하는 노래 기록을 보면 보리빵을 이용한 맥주 제조방법이 기록되어 있다. 그것이 현존하는 가장 오래된 음식 조리법이다.

닌카시에게 바치는 노래

"닌카시, 커다란 주걱으로 반죽을 젓는 자여 구덩이에 바피르(보리빵)와 꿀을 넣고 섞는구나!"

중동 티그리스, 유프라테스강 유역 수메르 유목민들에게 맥주는 어떤 의미였을까? 맥주는 취하기 위한 술 이상의 의미가 있다. 맥주는 액체 빵이라고 불린다. 빵보다 에너지 밀도가 높아서 식사를 대신하는 에너지원으로 사용될 수 있다. 안전한 수분 공급 역할도 한다. 이렇게 충분한 열량과 수분을 공급하는 것 외에 농사에 지친 피로를 풀어주고 근육 이완 작용을 도와주었다. 스트레스 해소, 진정 작용 등의 효능이 있어 지속적인 맥주 생산을 원하게 되었을 것이다.

어떤 역사학자들은 인류가 수렵, 채집사회에서 농경사회로 진화 과정에서 중요한 역할을 한 것 중의 하나가 바로 맥주의 이런 효능이라고 주장한다. 맥주의 취기를 즐기기 위해 맥주를 만들 수 있는 곡물이 필요했던 것이다. 농사를 통해서 곡물을 지속적으로 확보할 수 있었고, 그렇게 확보된 곡물로 맥주를 만들 수 있었기 때문이다.

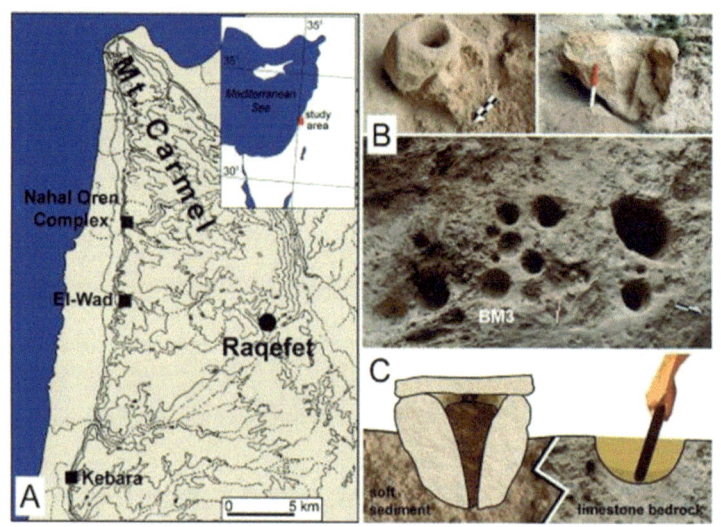

1만 3천 년 전 돌절구 Journal of Archaeological Science:Reports

인류가 곡물을 본격적으로 재배하기 전에 이미 야생 곡물을 이용해 맥주를 만들어 마셨다는 고고학적 증거의 발견으로 곡물 재배가 빵이 아닌 맥주를 위해 시작됐다는 주장에 힘을 실어주고 있다. 1만 3천 년 전 돌절구에 남아있는 성분 등을 분석하여 맥주 양조 흔적을 발견했다.

| 커피, 초콜릿 향을 만드는 맥아 Malt |

맥주의 가장 중요한 재료인 맥아는 영어로 *Malt*, 독일어로 *Braumalz*로 건조된 보리와는 구별된다. 보통 "맥주를 뭐로 만들지?" 하면 '보리'라고 답하지만, 엄밀히 말하면 '보리 맥아'가 정답이다.

　술이 만들어지는 알코올발효는 효모균이 당분을 먹고 이산화탄소와 알코올을 만들어내는 일련의 화학 반응 과정이다. 탄수화물이 주성분인 보리나 기타 곡물이 발효 과정을 거치기 위해서는 효모 먹이가 될 수 있도록 탄수화물이 당으로 분해 되어야 한다.

　그런 화학 반응의 촉매 역할을 하는 단백질 아미노산 물질이 효소 *enzyme*다. 효소에 의해서 탄수화물이 단당류의 당으로 분해된 후에 효모 *yeast*에 의해서 이산화탄소와 알코올을 생성해 내는 발효 과정을 거치게 된다.

　보리 맥아는 보리를 물에 불려 뿌리가 나오는 발아, 건조, 뿌리 제거의 과정을 거쳐 맥주 제조에 사용되는 맥아로 만들어진다. 발아의 과정을 거쳐, 보리의 효소*enzyme*가 활성화되어 맥아의 당화가 수월해지고 이를 이용해서 발효하게 된다. 보리 맥아가 맥주 제조에 적합한 이유는 전분 함량이 높고 단백질이 적고, 효소가 많기 때문이다.

보리를 물에 불려 발아 과정을 거치고 이 과정에서 효소 형성이 강화된다. 효소가 활성화되어 맥아의 탄수화물을 당으로 쉽게 변하게 한다.

소위 말하는 흑맥주를 만들기 위해서는 짙게 볶은 맥아를 10% 미만으로 사용하여 맛과 향, 색을 원하는 만큼 구현해 낸다.

맥아는 맥주를 만드는 가장 기본이고 필수적인 재료로 맥주 맛을 결정하는 아주 중요한 역할을 한다. 맥주에서 나오는 커피, 초콜릿, 빵, 비스킷, 견과류, 꿀, 감초, 훈연향 등은 맥주 제조에 사용되는 맥아에서 기인하는 아로마다.

맥아의 단백질과 홉의 폴리페놀 성분이 풍성한 거품 생성과 지속에 결정적인 역할을 한다.

2. 맥주가 없었다면 피라미드도 없다?

피라미드 하면 가장 먼저 떠오르는 것은 이집트 기자*Giza* 지역 피라미드 단지 3개의 피라미드다. 피라미드는 이집트 외에 멕시코 등 중남미, 아시아권에서도 발견되는 사각 추형의 구축물이다. 세계 7대 불가사의 이집트 피라미드와 맥주는 어떤 연관성이 있을까?

이집트 피라미드 건설 노동자들은 노예와 급여를 받는 일반 노동자들이었다는 기록들이 발견되고 고증하고 있다. 홍수로 나일강이 범람하고 농사를 지을 수 없던 농한기 농부들, 급여를 받는 건설 인력, 노예 등 수만 명의 노동력이 동원되어 피라미드를 건설했다. 엄청난 노동 강도의 작업을 채찍으로만 통제한다는 것은 불가능했을 것이다. 대부분의 노동자들은 빵이나 맥주를 급여로 지급받았다.

보통 4~5ℓ의 맥주를 받았을 것으로 추정하며 그 당시 맥주는 지금과는 달리 알코올 도수가 낮고 걸쭉한 형태였을 것이다. 알코올과 반죽의 탄수화물을 통해 열량을 공급받고 수분을 보충할 수 있는 식량으로 맥주는 중요한 역할을 했다. 고대 이집트 피라미드 노동자들 생활지 유적의 기록에서 노동자들이 노동의 대가를 받았다는 것을 알 수 있다. 노동자의 신분 계급에 따라 알코올 도수가 다르고 질이 다른 맥주를 받고 지급되는 맥주의 양도 차이가 있었다.

맥주 분배표 History2701 Wiki

  도자기로 만든 맥주 용기가 맥주 발효의 핵심이다. 도자기 내부 표면이 야생 효모균이 번식하기에 이상적인 조건이다. 도자기 표면의 온도는 주변 공기 온도보다 낮아서 더운 날씨에 발효가 진행되기에 유리했다. 넓은 도자기 용기의 입구는 공기 순환이 유리하고 공기 중에 떠다니는 야생 효모균과 접촉이 유리하다.
  맥주를 마실 때는 큰 항아리에서 잔으로 옮겨 따르지 않고 점토로 만든 긴 빨대를 이용해서 마셨다. 빨대의 한쪽 끝은 큰 항아리 아래 곡물 껍질 등 침전물을 걸러낼 수 있는 필터 역할을 하여 가라앉은 침전물을 걸러내어 맥주를 마실 수 있었을 것이다.

2021년 이집트와 미국 고고학자들이 카이로에서 450km 떨어진 아비도스*Abydos*에서 약 5천 년 전 나르메르*Narmer* 파라오 시대에 만들어진 것으로 추정되는 세계에서 가장 오래된 맥주 양조장을 발굴했다. 양조장은 길이 20m, 너비 2.5m, 깊이 0.4m 규모의 공간 8개로 구성됐다. 각 공간에는 맥주 원료인 곡물과 물을 섞은 혼합물을 가열하는 도기 40개가량이 2열로 놓여있었다.

양조장에서 한 번에 생산하는 맥주량이 22,400ℓ에 달했을 것으로 추정했다. 500㎖ 기준 4만 5,000잔 정도의 규모다.

고대 이집트 왕국에서 맥주는 피라미드 노동자들의 급여로 사용되고 제물을 바치는 의식에도 사용되었다는 증거도 나왔다. 이곳에서 제조된 맥주가 파라오를 위한 장사시설에서 제례 때 사용됐을 것으로 봤다.

5,000년 전 이집트 맥주 양조장, 2021년 발굴 Egyptian Tourism Authority

| 한눈에 보는 맥주 양조 과정 |

　맥주는 인류 역사상 가장 오래된 술이며 전 세계적으로 가장 많은 사람들이 즐기는 술이다. 맥주의 가장 중요한 4가지 재료는 맥아, 홉, 효모, 물이다. 그 외에 제조법에 따라 부가적인 곡물이나 과일, 허브 등이 소량 사용되기도 한다.

인간이 양조하지 않은 자연에서의 맥주는 비에 젖은 곡물이 공기 중에 날아다니는 야생 효모균에 의해 발효되어 만들어진 것이다. 오늘날 양조장에서 맥주 양조 과정은 다음과 같다.

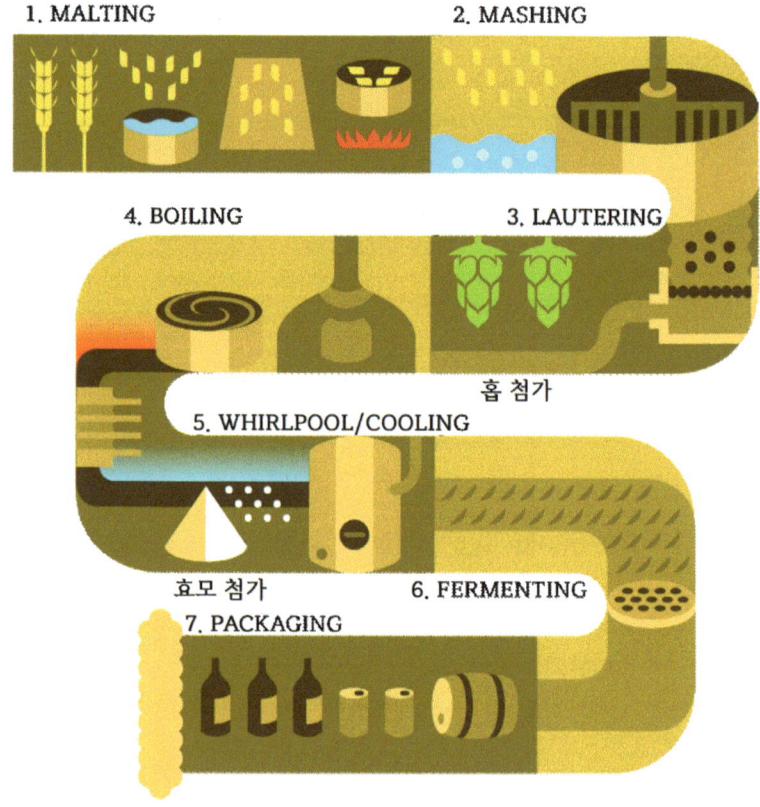

1. MALTING 제맥

건조된 보리를 물에 불려 싹을 틔워 발아시킨 후에 뿌리를 제거하고 다시 건조하는 과정이다. 이 과정을 통해 보리 안의 효소가 활성화되어 담금 과정에서 보리의 탄수화물이 당분으로 쉽게 분해될 수 있도록 도와준다.

2. MASHING 담금

제분된 맥아에 물을 첨가하여 맥아즙을 만드는 과정이다. 분쇄된 맥아의 전분(탄수화물)을 효모균이 먹을 수 있는 당분으로 분해하기 위한 당화 과정이다.

3. LAUTERING 여과

맥아즙과 불용성 맥아 찌꺼기를 분리하는 과정이다. 이 과정이 맑은 맥주를 만드는 것에 영향을 준다.

4. BOILING 가열

찌꺼기를 걸러낸 맥아즙에 홉을 첨가하여 가열한다. 홉의 맛과 향이 우러난다.

5. WHILPOOL/COOLING 분리여과/냉각

가열과정에서 생긴 홉과 맥아 고형물 찌꺼기를 분리하는 과정이다. 찌꺼기를 분리한 후에 열교환기를 통해 급속 냉각시킨다. 효모균이 죽지 않고 활성화될 수 있는 온도로 빠른 속도로 냉각시킨다.

6. FERMENTING 발효

식은 맥아즙에 효모를 투입하여 일정 온도로 발효를 진행시킨다. 이 과정에서 효모가 맥아즙 내의 당분을 먹고 이산화탄소와 알코올을 만들어낸다.

7. PACKAGING 포장

저온에서 일정 시간 숙성된 맥주를 용기에 담는 과정이다. 병, 캔, 케그(생맥주 통)에 옮겨 담아 유통을 시작한다. 일반적으로 용기에 옮기기 전에 미세 필터를 거쳐 효모를 제거하거나 저온 살균 처리하여 효모를 비활성화시킨다.

3. 성 코르비니안과 12명의 수도자

　로마 제국에서 천대받던 맥주는 중세 유럽에서 수도원을 중심으로 양조를 확대해 나갔다. 중세 교회는 사회, 문화, 정치, 경제의 중심이 되고 권력의 중심에 서게 되었다. 교회에서 장례나 혼례, 세례 등의 행사가 있을 때 맥주를 나눠 마셨다. 주교가 세상을 떠났을 때는 가난한 이들에게 맥주를 제공하기도 했다.

　포도를 쉽게 구할 수 없는 지역에서 보리를 이용한 맥주를 제조하여 성찬식에 사용하기도 했다. 수도원을 방문하는 순례자와 방문객들에게 맥주를 대접하기도 했다. 중세 수도원은 맥주를 만들어 팔고 수도사들에게 하루 일정량의 맥주를 배급했다. 수도사들에게 맥주는 금식 기간 동안 영양과 수분 공급 역할을 했다. 금식 기간에는 한 번의 간단한 식사를 제외하고 액체 외에는 섭취할 수 없었다. 맥주를 마시는 것은 금식 규율을 어기는 것이 아니었기에 자연스레 수도원에서 맥주 양조가 확대되었다.

　맥주 판매 수익은 수도원의 종교활동을 위한 중요한 소득원이 되었다. 중세 수도원에서 토지와 재산을 소유했고, 권력의 힘을 빌려 적은 세금, 값싼 노동력 등 유리한 양조 조건으로 더 많은 수익을 올리게 되었다. 이렇게 하여 중세 중기에는 유럽에 500곳이 넘는 수도원 양조장이 생겨나며 수도원 맥주 전성기를 누리게 되었다.

　725년 독일 바바리아의 바이엔슈테판 *Weihenstephan*에서 세인트 코르비니안 *St. Korbinian*과 12명의 수도자들이 베네딕트 수도원 양조장을 설립했다. 그 수도원 양조장이 1040년 정식으로 프라이징 시의 양조 면허를 취득하고 1804년에 바이에른 왕국의 국립맥주회사가 되어 지금까지 맥주를 생산하고 있다. 바이엔슈테판 양조장은 기네스북에 등재된 현존하는 세계에서 가장 오래된 맥주 양조장이다.

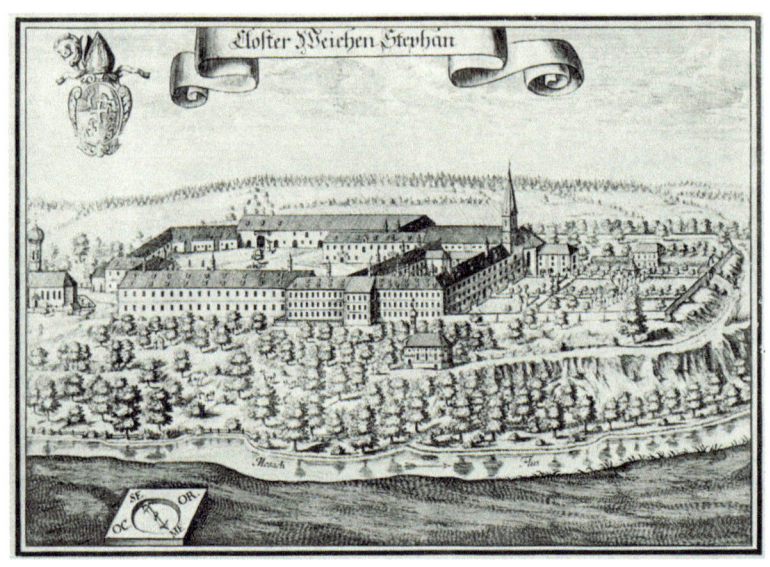

725년에 맥주 양조수를 얻기 위해서 팠던 샘터에는 아직도 양조수가 흐르고 있다. 바이엔슈테판 양조장은 단순히 가장 오래된 양조장일 뿐 아니라 독일 뮌헨 공대의 양조 공학 교육 연구 기관으로 전 세계에 수많은 브루어들을 배출하고 있다. 세계 최대 규모의 효모 은행을 운영하여 최고 품질의 맥주 효모를 전 세계 유수의 맥주 공장에 제공하고 있다.

오늘날까지 많은 수도원 양조 맥주들과 수도원 양조 방식의 양조 맥주들이 많은 맥주 애호가들의 사랑을 받고 있다.

바이엔슈테판의 맥주는 세계적으로 최고의 품질을 인정받으며 독일 맥주의 표준을 세우는 데 중요한 역할을 했다. 바이엔슈테판은 전통적인 독일 스타일 맥주를 중심으로 다양한 제품군을 제공한다.

헤페바이스비어 *Hefeweissbier*는 독일 밀맥주의 대표작으로 바나나와 정향 향이 풍부하며 부드러운 질감과 청량감이 특징이다. 독일 남부 바이에른의 대표 맥주 스타일인 밀맥주의 절대기준이라 해도 과언이 아니다.

비투스 *Vitus*는 독일식 밀맥주의 강화버전 *Weizenbock*으로 과일 향과 스파이스의 조화, 풍부한 알코올 풍미가 인상적이다. 오리지널 라거 *Original Helles*는 전통적인 독일식 헬레스 라거로 깔끔하고 부드러운 몰트 맛과 은은한 홉 향이 특징이다. 둔켈 *Dunkel*은 독일식 다크 라거로 깊고 고소한 몰트 향과 초콜릿, 캐러멜의 뉘앙스를 제공한다. 코르비니안 *Korbinian*은 도펠복 스타일의 강렬한 맥주로 진한 캐러멜과 말린 과일 향, 묵직한 질감이 돋보인다. 크리스탈바이스비어 *Kristallweissbier*는 헤페바이스비어와는 달리 필터링된 밀맥주로 투명한 외관과 청량한 맛으로 유명하다. 필스 *Pils*는 독일식 필스 스타일로 산뜻한 홉 향과 깔끔한 피니시가 매력적이다. 페스트비어 *Festbier*는 옥토버페스트 스타일의 특별한 라거로 필스에 비해 더 진하고 풍부한 몰트 맛이 특징이다.

국립 바이엔슈테판 양조장은 중세 수도원에서 시작된 전통 양조기법과 현대 과학의 결합하고 바이에른 지역의 천연 재료만을 사용하며, 독일 맥주순수령 *Reinheitsgebot*을 준수하여 맥주를 양조한다.

세계 맥주 대회에서 여러 차례 수상한 제품들이 많아 국제적으로 높은 평가를 받고 있다. 바이엔슈테판의 맥주는 그 역사와 품질로 독일 맥주의 전통을 대표하는 상징적 브랜드이다.

2023년 7월에는 바이엔슈테판과 벨기에의 전통적인 수도원 양조장 세인트 버나두스 *St. Bernardus*가 협업하여 바이엔슈테판 세인트 버나두스 브라우팍트 *Braupakt* 한정판 맥주를 출시했다. '브라우팍트'는 이름은 독일어로 '브루어의 협약 *Brewing Pact*'을 뜻한다. 6.5%의 벨기에식 블론드 에일로 독일 맥주의 부드러운 질감과 벨기에 맥주의 복합적인 풍미가 조화롭게 결합된 형태다.

두 양조장의 협력은 독일의 맥주순수령 전통과 벨기에 수도원 스타일의 창의적인 접근 방식을 결합하여 특별한 맛을 선보이고자 하는 의도를 담고 있다. 바이엔슈테판은 세계에서 가장 오래된 독일 양조장으로, 독일식 헤페바이스비어와 순수령을 대표한다. 세인트 버나두스는 벨기에의 유명한 수도원 맥주 스타일을 대중적으로 선보인 브랜드로, 특히 벨지안 에일과 쿼드 스타일 맥주로 유명하다. 독일과 벨기에 맥주 문화의 융합을 통해 두 나라의 팬들에게 새로운 경험을 제공하려는 프로젝트로 추진되었다.

이 협업은 전 세계의 독일맥주, 벨기에맥주 애호가 모두에게 독특한 경험을 선사하며, 양조 기술과 전통이 조화롭게 결합된 훌륭한 사례로 평가받고 있다.

Englet Marcus 독일 국영 바이엔슈테판 부사장과 저자, 브라우팍트 출시 기념행사

| 알고 마시자! 수도원 맥주 |

트라피스트 *Trappist* 맥주

트라피스트 맥주는 카톨릭 트라피스트 수도회 수도자들이 수도원 안에서 만든 맥주들이다. 전 세계적으로 14곳의 트라피스트 수도원에서 트라피스트 맥주를 양조하고 있으며 그중 11종의 맥주가 국제트라피스트협회의 *International Trappist Association (ITA)* 공인 트라피스트 맥주 인증 라벨을 부착하고 있다.

국제트라피스트협회 규정에 의하면 트라피스트 공인 맥주는 아래 조건을 지켜야 한다.

- 트라피스트 수도원 담장 안에서 수도자 또는 수도자의 철저한 관리하에 양조
- 상업적 목적은 이윤 창출과 무관하고 수도사들의 생활비와 시설 유지비 충당 목적
- 상업적 방침은 오직 수도원의 권한
- 양조장에서 모든 일은 수도 생활을 우선으로 하며, 상업 행위는 차선

세계 14곳의 트라피스트 수도원 양조장은 벨기에 6, 네덜란드 2곳 그리고 오스트리아, 이태리, 영국, 프랑스, 스페인, 미국에 각 1곳씩 있다. 그중 아래 11곳의 양조장이 국제트라피스트협회 공인 트라피스트 로고를 사용하는 양조장이다.

Mount St Bernard Abbey, Chimay, Engelszell, La Trappe, Orval, Spencer, Rochefort, Tre Fontane, Westmalle, Westvleteren, Zundert

Trappist Beer

에비 맥주 *Abbey Beer*

에비 맥주는 수도원에서 만들어진 맥주나 수도원 스타일의 모든 맥주를 통칭했다. 그러나 1997년 국제트라피스트협회 출범 이후 에비 맥주의 정의가 다소 바뀌었다.

- 트라피스트 수도원을 제외한 수도원에서 생산된 맥주
- 수도원과의 계약으로 상업용 양조 시설에서 만들어진 맥주
- 폐간된 수도원 이름으로 브랜딩한 상업용 맥주

Duvel, Leffe, Floreffe
St. Feuillien, Grimbergen, Affligem

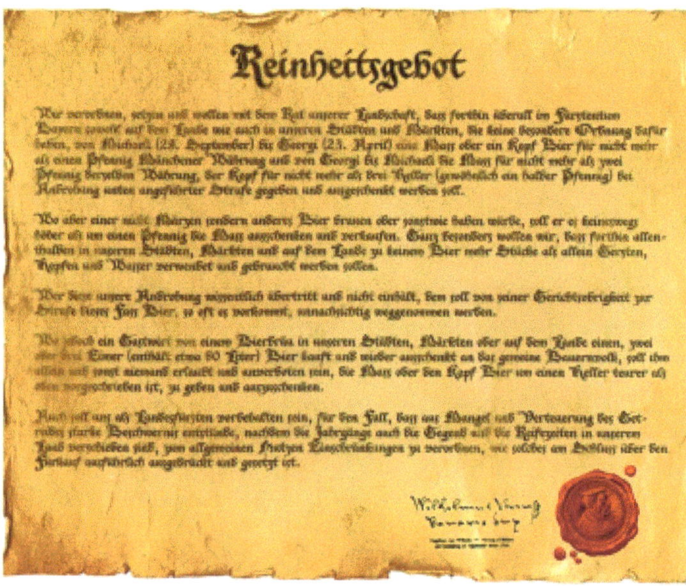
Reinheitsgebot

4. 맥주순수령 어디까지 순수할까?

독일 맥주 문화의 자존심이라 할 수 있는 맥주순수령*Reinheitsgebot*은 1516년 바바리아*Bavaria*에서 빌헬름 4세가 공표한 현존하는 가장 오래된 식품 관련 법규다. 제정 당시 규정에는 맥주 제조에 오직 물, 보리, 홉만 사용할 수 있도록 규정하고 있다.

제정 당시 맥주순수령은 바바리아(바이에른) 지역에 한정되는 규정이었다. 맥주순수령 제정의 표면적인 이유로는 위생적이고 안전한 맥주를 만들게 하기 위한 것이었다.

당시 많은 양조장들이 경쟁이 치열해지며 마구잡이로 다양한 재료를 사용하고 있었고 그로 인해 맥주의 품질이 일관되지 못하고 마시기에 안전하지 못한 재료를 사용하는 경우도 있었다.

맥주순수령 제정의 발단이 된 것은 표면적으로 맥주 양조자들이 독초 같은 위험한 재료까지 맥주 양조에 사용하면서 안전에 대한 문제가 생긴 것도 크다. 하지만 그 이면에는 제빵사와 맥주 양조자 사이에 밀과 귀리 등 곡물 사용에 대한 수요 때문에 가격 분쟁이 생겼기 때문이다. 밀과 귀리는 빵 제조에 필수적인 재료로 항상 수요가 넘쳐났다.

반면에 보리는 수요가 적고 오히려 남아도는 곡물이었다. 법령이 제정되어 맥주 제조에는 보리 한 가지밖에 사용할 수 없게 함으로써 곡물 가격 상승 문제를 해결하면서 값싼 보리를 이용하여 더 저렴하게 맥주를 만드는 것이 가능하게 했다. 법을 강제하기 위해서 보리 이외의 곡물을 맥주 양조에 사용하는 양조자들을 강하게 처벌했다. 맥주통을 압수하여 맥주 유통이 불가하도록 강력한 규제를 시행했다.

또한, 바이에른 지역의 영주들은 기존에 맥주 양조에 사용되었던 허브 혼합물인 그루트 *Gruit* 대신에 홉 *Hop*의 판매에 대한 독점권을 갖게 되었다.

결국, 영주들은 맥주 재료로 보리, 홉, 물 3가지만을 사용할 수 있게 강제하여, 보리와 홉의 유통을 통한 부의 축적을 용이하게 한 것이다.

맥주순수령은 바바리아 지역에만 해당하는 규제였지만, 1871년 통합 독일 제국이 탄생하며 바바리아 지역 이외의 양조자들 반발에 부딪혔다. 그러면서 다양한 향신료, 과일이 들어간 맥주는 자취를 감추게 되었다.

맥주순수령은 500년 동안 독일 맥주의 품질을 유지해온 자부심이다. 하지만 독일 맥주 양조자들의 창의성이 억압되고 다양한 스타일의 맥주를 생산할 수 없도록 발목을 잡았다. 영국이나 벨기에 등 유럽의 다른 나라들이 다양한 맥주를 발전시킬 동안 독일 맥주는 단조로움을 벗어나기 힘들었다.

1993년 임시 독일 맥주법이 제정되며 라거 맥주의 재료는 물, 맥아, 홉, 효모 4가지로 정의된다. 보리를 발아시켜 건조한 맥아가 아닌 일반 건조 보리를 사용하는 것은 맥주순수령에 위배되는 것이다. 프랑스의 루이 파스퇴르가 효모의 존재를 밝혀내기 이전에 작성된 최초의 법령에는 효모가 빠져있었다.

독일 바이에른 지역의 대표적인 바이젠*weizen* 밀맥주는 맥주 양조에 보리 맥아와 50% 이상의 밀을 사용한다. 하지만 맥주순수령은 라거 맥주에만 적용되는 것으로 개정되었기에 규정 위반이 아니다. 또한, 1993년 법이 개정되며 더 이상 강제 법규가 아니다. 다만 거의 대부분의 맥주 양조장들이 아직도 맥주순수령에 의거하여 라거 맥주를 생산하며 그 자부심을 느끼고 있다.

독일의 맥주순수령은 오랫동안 독일 맥주의 품질을 유지해온 중요한 규정이었고 세계적으로 독일 맥주의 위상을 높여주는 법규였다.

하지만 맥주순수령 때문에 독일 맥주는 이웃 나라 영국이나 벨기에에 비해 그 스타일이 다양하지 못하다. 오히려 맥주 발전을 가로막은 면이 없지 않다. 또한, 맥주 수입을 어렵게 만들어 국민들이 다양한 맥주를 즐길 수 있는 권리를 빼앗기고 자국 맥주만을 즐기도록 강요받게 되었다.

미국을 중심으로 크래프트 비어 *craft beer* 열풍이 거세지며 독일 양조자 사이에서도 다른 스타일의 맥주를 시도하려는 움직임이 일고 있다. 전통적인 라거 맥주와 밀맥주 위주로 맥주를 생산하던 양조장들이 영국식 에일이나 미국식 크래프트 맥주를 시도하고 있다. 물론 전통 양조장들의 시선은 곱지 않다. 하지만 이러한 시도는 독일 젊은이들로부터 많은 응원을 받고 있으며 세계 시장으로도 도전하고 있다.

| 맥주의 마약 소스 홉 Hop |

홉*humulus lupulus*은 삼과*canabiaceae* 에 속하는 넝쿨 식물로 암그루만 홉 열매가 생긴다. 맥주 제조에는 홉의 암꽃만을 사용한다.

홉은 수분, 섬유소, 당분, 단백질, 아미노산, 펙틴, 염분, 루플린 수지, 폴리페놀 등으로 구성되어 있다. 암그루 암술 가운데의 노란 알갱이가 루플린인데 맥주의 쓴맛과 아로마를 느끼게 하는 역할을 한다.

홉은 기본적으로 맥주의 쓴맛을 낸다. 맥주의 쓴맛은 알코올과 짙게 볶은 맥아에서도 나온다. 하지만 일반적인 맥주의 쓴맛은 홉이 결정적인 역할을 한다. 홉의 쌉쌀한 맛 때문에 맥주를 질리지 않고 더 자주, 많이 마실 수 있다.

홉은 맥주의 쓴맛뿐만 아니라 자몽, 귤, 오렌지 등의 시트러스 향, 베리, 망고, 블랙 커런트 등의 과일 향, 제라늄, 아카시아, 라일락, 제비꽃 등의 향, 솔잎, 후추 등 아주 다양한 아로마를 낼 수 있다.

인공 향신료를 넣지 않고도 홉만으로도 코를 자극하는 다양하고 매력적인 향을 만들어 낼 수 있다. 홉은 밋밋하지 않은 알코올음료로 매력적인 맥주를 만들 수 있는 양념 같은 역할을 한다.

주로 독일이나 체코의 홉은 꽃, 향수, 민트 같은 아로마가 대표적이다. 미국산 홉은 솔향, 자몽, 오렌지, 레몬 등 과일 향이 주로 나며, 영국 홉은 허브향이 대표적이다.

홉은 맛 좋은 맥주를 만드는 맛과 향을 내는 것 외에도 양조 과정에서 그리고 맥주를 보존 유통하는 과정에서도 아주 중요한 역할을 한다. 맥주 양조 과정에서 맥아즙의 콜로이드 안정성을 높여 맥아즙의 단백질을 응고시키는 역할을 한다. 그렇게 하여 맥아즙의 원심 분리 과정을 통해 응고된 단백질과 홉을 제거하여 맑고 깨끗한 맥주를 즐길 수 있다.

홉은 맥주의 생물학적 안정성을 증가시켜 미생물 증식을 억제하여 천연 항균제로 맥주의 보존성과 유통효율을 높여준다. 맥주의 홉이 천연 방부제 역할을 하기 때문에 오랜 기간 보관이 가능한 것이다.

또한, 홉은 거품의 안전성을 높여 맥주의 거품량, 거품의 조밀도, 거품 지속도, 마시고 잔에 남는 레이싱 등 맥주 거품에도 중요한 역할을 한다. 수확을 마친 홉은 그대로 사용하기보다는 가공해서 사용한다. 홉을 가공하여 펠릿 (조그만 알갱이), 홉 엑스트랙트 (추출물), 분말, 오일 등의 형태로 가공해 보관 유통한다.

이렇게 가공된 형태의 홉을 사용하는 이유는 생 홉을 사용하는 것보다 높은 수율이 나오기 때문이다. 또한, 부피가 작아져서 보관이 쉽고, 제품 생산에 표준화가 가능하며, 보존 기간을 월등히 길게 유지할 수 있다.

전 세계적으로 300여 가지가 넘는 홉이 맥주 양조에 사용되어 맥주의 다양한 맛과 향을 만들어 낸다. 맥주의 쓴맛을 내기 위한 홉과 아로마를 내기 위한 홉이 다르게 사용되며 한 가지가 아닌 여러 가지 홉을 혼용해서 사용하는 경우가 많다.

홉은 맥주의 맛과 향을 결정하는 아주 중요한 핵심 재료다. 맥주를 마실 때 홉이 선사하는 쌉쌀함과 후각을 즐겁게 하는 섬세한 아로마를 느끼며 음미하면 맥주의 숨어있는 매력에 더욱 깊이 빠지게 된다.

홉의 종류별 특징

1. 아로마 홉 *Aroma Hops*
특징 : 주로 맥주의 향과 풍미를 강화하는 데 사용됨
주요 품종 :
Cascade : 감귤류, 자몽 향
Centennial : 꽃향기와 감귤류 향, '슈퍼 캐스케이드'로 불림
Saaz : 은은한 허브와 향신료 향, 체코 필스너 스타일에 사용
Fuggle : 흙냄새, 나무 향, 부드러운 특성

2. 비터 홉 *Bittering Hops*
특징 : 높은 알파산*Alpha Acid* 함량으로 쓴맛을 더함
주요 품종 :
Magnum : 깨끗하고 순한 쓴맛
Chinook : 소나무, 자몽, 약간의 스파이시한 향
Target : 강한 쓴맛, 약간의 허브와 감귤류 노트

3. 듀얼 퍼포즈 홉 *Dual-Purpose Hops*
특징 : 쓴맛과 향 모두를 제공할 수 있는 다목적 홉
주요 품종 :
Simcoe : 자몽, 베리, 허브, 흙냄새를 조화롭게 제공
Amarillo : 감귤류, 오렌지, 열대 과일 향
Mosaic : 열대 과일, 베리, 허브 향의 복합적인 캐릭터

4. 노블 홉 *Noble Hops*

특징 : 고전적인 유럽 스타일의 홉으로 낮은 알파산과 섬세한 향

주요 품종 :

Hallertauer Mittelfruh : 부드러운 꽃향기와 약간의 허브 노트

Tettnang : 향신료, 허브, 은은한 풀 향

Spalt : 은은한 감귤류와 흙냄새

Saaz : 라거와 필스너 맥주의 전통적인 선택

홉 사용 방식에 따른 특징

첫 번째 추가 *Bittering* : 끓임 초기에 추가, 쓴맛 강조

중간 추가 *Flavoring* : 끓임 중간에 추가, 맛 강화

후반 추가 *Aroma* : 끓임 말미에 추가, 향 강조

드라이 홉핑 : 발효 후 홉 추가, 신선한 향 부여

홉 팰릿 *Hop Pellets*

5. 미국 맥주 역사의 첫 메이플라워호

17세기 영국에서 종교적 탄압을 받던 청교도들은 종교의 자유를 찾아 신대륙으로 항해에 올랐다. 1620년 존 카버*John Caver*가 이끄는 백 명이 조금 넘는 청교도들이 영국을 떠나 버지니아*Virginia*를 향해 미국 개척길에 오른 역사적 항해를 시작했다. 그들이 탄 메이플라워*Mayflower*호는 식량과 맥주를 가득 싣고 영국을 떠났다.

오랜 항해에서 안전하게 마실 수 있는 식수로 물보다 맥주가 변질 염려가 낮았기 때문에 맥주를 가득 실었다. 맥주는 양조 과정에서 맥아즙을 끓이고 맥주의 홉과 알코올이 천연 보존제 역할을 하기 때문에 순수한 물에 비해 변질 염려가 훨씬 낮다.

항해 중에 기상악화로 풍랑을 만난 메이플라워호는 버지니아가 아닌 지금의 플리머스*Plymouth*에 도착하게 되었다. 청교도들이 플리머스에 도착했을 때는 이미 겨울이었고 원래 정착이 예정된 곳이 아니라 아무도 그들을 도와줄 이가 없었다. 배에서 추위와 싸우며 겨울을 났으나 절반 가까운 이주자들이 봄을 맞이하지 못했다.

이들에게 아메리카 원주민들은 도움의 손길을 내밀었다. 사슴 고기, 칠면조, 옥수수 씨앗을 나눠주고 재배법을 알려줬다. 청교도 이주민들은 다음 해 가을 첫 수확의 기쁨을 원주민들과 함께했다. 그것이 미국의 추수감사절 *Thanksgiving Day*의 기원이다.

청교도 이주민들은 안전한 식수 확보를 위해 맥주 양조를 시작하게 되었고 그렇게 미국 맥주 역사의 첫 페이지가 열렸다. 존 카버는 초대 플리머스 지사가 되었으며 청교도 순례자 필그림 *Pilglim*들은 미국 이주역사의 아버지로 역사에 획을 남겼다.

하지만 아메리카 원주민들의 이방인을 향한 호의는 총칼로 돌아왔다. 이주민들은 그 모든 일을 신의 은총으로 합리화했다. 이주민들이 옮긴 새로운 전염병과 학살로 아메리카 원주민의 흑역사가 시작되었다.

오늘날 미국의 맥주 문화는 다양한 이민자들의 전통과 혁신이 결합된 결과물이다. 메이플라워호를 탄 필그림들이 신대륙에서 맥주를 만들며 시작한 전통은 현재 미국의 크래프트 맥주 산업에까지 이어지고 있다. 특히, 메사추세츠주와 같은 지역에서는 메이플라워호를 기념하며 관련 이름을 붙인 맥주 브랜드도 존재한다.

이렇듯 메이플라워호는 단순히 이주를 위한 배 이상의 의미를 가지며, 미국 맥주 역사의 시작을 상징하는 중요한 요소로 자리 잡고 있다. 매사추세츠주에는 "메이플라워 브루잉 컴퍼니"라는 이름의 양조장이 있다. 이 양조장은 메이플라워호의 유산을 기리며, 전통적인 방식과 현대적 기법을 결합한 다양한 맥주를 생산하고 있다. 메이플라워호의 순례자들이 남긴 맥주에 대한 이야기는 단순히 음료 이상의 의미를 가지고 있다. 이는 미국 초기 역사와 음식 문화가 어떻게 발전했는지 보여주는 좋은 사례다.

| 맥주 맛을 살리는 잔 관리 |

맥주 맛을 좌우하는 데 잔은 매우 중요한 역할을 한다. 맥주 스타일에 맞는 전용잔을 선택하는 것도 중요하지만, 그것보다 중요한 것이 맥주잔 상태를 최적으로 유지하는 것이다. 잘못된 맥주잔 관리는 좋은 맥주의 맛과 향을 해치는 치명적인 결과를 가져올 수 있다.

시원한 맥주가 최고지! 맥주잔은 냉동실에?

맥주잔을 냉동에 보관하여 얼리는 것은 맥주를 즐기는 최악의 방법이다. 얼린 잔에 맥주를 따르면 잔 안쪽의 동결된 수분 입자와 맥주의 탄산가스가 충돌하여 과도한 거품이 생성된다. 과도한 거품이 생기면 맥주 안의 탄산이 많이 날아가서 김빠진 맥주가 된다. 또한, 맥주가 살짝 얼면서 맥주의 수분과 다른 성분이 분리되어 맛의 균형이 깨진다.

맥주잔은 항상 냉장고에?

맥주잔을 차게 유지하기 위해 냉장고에 보관하면 냉장고 안의 음식 냄새가 잔에 배어 맥주의 맛과 향을 왜곡시키고 풍미를 떨어트린다. 맥주 전문점의 경우 맥주잔만 보관하는 냉장고를 별도로 사용하기는 한다. 하지만 공기 순환이 잘되지 않는 밀폐된 냉장고 안에 잔을 보관하는 것은 원치 않는 잡냄새의 영향을 받을 수밖에 없다.

식기 세척기로 깨끗하게?

설거지하며 식기 세척기에 잔을 넣고 돌리는 것은 온갖 음식 냄새와 기름기, 세제 등의 오염으로부터 자유로울 수 없다. 별도로 잔만 따로 모아서 닦는다면 조금 낫겠지만 기본적으로 식기 세척기 안의 음식 냄새는 완전히 없앨 수 없다.

마른행주로 물 자국 없이 깨끗한 맥주잔?

잔을 세척한 후에 마른행주나 키친타월 등으로 건조시키는 것은 바람직하지 않다. 특히 행주의 경우 세균 번식이 심하고 쉰 냄새의 주범이다. 냄새로 인한 맥주 맛과 향의 왜곡은 물론이고 행주나 티슈의 미세한 조각들이 잔에 남을 수 있다.

먼지가 들어가지 않게 잔을 뒤집어서 보관?

잔을 뒤집어서 보관하면 그 안에 공기가 순환되지 않아서 원치 않는 이취가 발생할 수 있다. 특히 잔이 덜 마른 상태에서 뒤집어서 보관하면 그 안에 수분이 잘 마르지 않아서 쉰내가 날 수 있다.

올바른 맥주 전용잔 관리 팁!

맥주잔을 세척하는 가장 좋은 방법은 전용잔 세척기를 이용하여 전용세제로 세척하는 것이다. 하지만 현실적으로 일반 가정에서 전용잔 세척기를 사용하는 것은 쉽지 않다.

사용한 잔은 일반 설거지용 수세미와 별도로 준비하여 세제를 묻혀 내외부를 잘 닦은 후에 미지근한 물로 충분히 헹군다. 특히 입술이 닿는 잔의 립 부분은 더욱 유의해야 한다. 립스틱 자국이 남으면 맥주의 맛과 향을 저해하고 거품 생성도 저해한다.

충분히 헹군 잔은 공기가 잘 통하는 곳에 바로 세워서 보관한다. 잔을 사용하기 전에 차가운 수돗물로 헹구어 사용하면 잔의 온도도 낮출 수 있고 잔 내부의 수분이 맥주를 따를 때 거품이 과도하게 생기는 것을 막아준다.

여름에 더 시원한 잔을 원하면 잔을 냉동이나 냉장실에 넣지 말고 잔에 찬물과 얼음 몇 개를 넣어 잔을 돌려서 빠르게 온도를 낮출 수 있다. 잔의 상태를 확인하는 방법은 잔을 물로 헹군 후에 뒤집어서 물기가 균일하게 흘러내리는지 확인하면 된다.

6. 영국제국주의 IPA 맥주

 IPA 맥주의 세계적인 인기와 미국 크래프트 비어 붐에 힘입어 미국 양조장들이 다양한 IPA 스타일 맥주를 생산하고 있다. 마치 미국이 IPA 스타일의 종주국인 듯한 착각을 느낄 정도다. IPA 맥주는 *India Pale Ale*의 약자로 그 기원은 18세기 영국의 인도 식민지배 시절로 거슬러 올라간다. IPA 맥주의 근원에 대해서는 다양한 의견이 분분하다.

 우선 페일에일 *Pale Ale* 맥주의 탄생부터 짚어보자. 18세기 초 코크스 *Cokes* 연료를 이용해 맥아를 건조하기 전에는 나무나 석탄으로 맥아를 로스팅했다.

 코크스를 사용하면서 유해가스 발생으로부터 자유로워졌고 몰트 생산이 대형화되었다. 기존에 석탄이나 나무를 이용해 몰트를 생산하던 시절에 비해 열 조절이 수월하여 기존의 맥아만큼 검지 않은 맥아 생산이 가능해졌다. 새로운 맥아를 사용해 만든 맥주는 기존의 포터나 스타우트 스타일에 비해 옅고 투명했다. 그래서 '페일에일'이라는 이름을 얻었다.

페일 에일은 영국의 인도 식민지배 시절에 주둔하던 관료, 군인 등을 위해 동인도 회사를 통해 보내지던 맥주 중 하나였다. 아프리카를 돌아가는 수개월 동안의 뜨거운 항해와 인도에 도착한 후 덥고 습한 날씨에 맥주가 변질되는 일이 자주 일어났다. 그 와중에 홉을 더 첨가한 맥주가 덜 상한다는 것을 알게 된 양조 업자들이 인도로 보내는 맥주의 알코올 도수를 높이고 홉을 더 첨가하게 되었다.

그 중심에 런던 보우 브루어리*The Bow Brewery*의 조지 호지슨*George Hodgson*이 서게 되었다. 가장 많이 알려진 IPA 스토리에 대한 반론도 많이 존재한다. 실제로 조지 호지슨의 맥주에 홉이 더 첨가되었는지 자체에 대한 의문, 인디아 페일 에일*India Pale Ale*이라는 이름 사용 여부에 대한 논쟁도 끊이지 않는다.

1830년대까지도 'India Pale Ale'이라는 이름이 아니라 'Pale Ale prepared for the East and West India Climate', 'Pale Ale for India', 'Pale Ale as prepares for India', "East India Pale' 등으로 신문에 홍보되었다.

IPA 맥주 명칭에 대한 논쟁은 차치하고 영국 제국주의 시절 인도 식민지배 관료와 군인, 선원들을 위한 홉, 알코올 강화 버전 페일 에일이 탄생하게 되었다.

20세기에 들어서 시장의 인기를 잃었던 IPA 맥주는 미국의 크래프트 맥주 붐에 힘을 입어 새로운 전성기를 맞이하고 있다.

현대 IPA 맥주의 시장은 미국 크래프트 맥주 혁명으로 대표된다. 1980년대 미국에서 시작된 크래프트 맥주 붐은 IPA 부흥의 중요한 계기가 되었다. 미국 양조자들은 기존 영국식 IPA를 변형하여, **홉의 쓴맛과 과일 향이 강조된 아메리칸 IPA**를 선보였다. 현대 미국의 IPA는 다양한 스타일로 진화했다.

웨스트 코스트 IPA : 홉의 쓴맛과 강렬한 향을 강조.
뉴잉글랜드 IPA : 부드러운 질감과 과일 주스 같은 향미로 인기
더블/임페리얼 IPA : 알코올 도수와 홉의 강도를 높인 스타일
세션 IPA : 낮은 도수로 가볍게 즐길 수 있는 스타일
블랙 IPA : 로스팅된 맥아를 사용해 어두운 색을 가진 IPA

북미 지역에서 IPA는 크래프트 맥주 시장의 대표 스타일로 자리 잡았다. 유럽에서는 영국뿐만 아니라 독일, 벨기에 등에서도 인기를 얻으며 재창조되고 있다. 유럽, 미주 지역뿐 아니라 아시아에서는 일본, 한국 등에서도 크래프트 맥주 문화가 확산되면서 IPA에 대한 수요가 증가하고 있다.

IPA는 지속적으로 새로운 재료와 기법을 통해 진화하고 있다. 트로피컬 홉, 과일 또는 허브 첨가, 다양한 발효 기술 등을 적용해 독특한 맛을 창출한다.

한때는 보수적고 고전적인 스타일로 치부되었던 IPA 스타일 맥주의 인기 요인은 무엇일까? IPA는 홉의 다양한 맛과 향(시트러스, 솔, 열대 과일 등)이 부각된다. 그동안 라거 일변도의 단순한 맥주가 주를 이루었고, 새로운 맛을 찾는 맥주 애호가들 사이에서 인기를 끌고 있다. IPA는 창의적인 실험과 변형이 용이한 스타일로,

다양한 취향을 가진 소비자들에게 어필한다. IPA는 크래프트 맥주 운동의 상징으로 여겨지며, 지역성과 개성을 강조하는 현대 맥주 문화와 잘 어울린다.

　IPA는 단순히 하나의 맥주 스타일을 넘어, 맥주의 역사와 혁신, 그리고 현대의 소비 트렌드를 모두 아우르는 독특한 위치에 있다. 앞으로도 새로운 재료와 기법을 통해 IPA는 계속 진화하며 전 세계 맥주 애호가들에게 사랑받을 것이다.

| 맥주가 뱃살의 주범? |

맥주를 마시면서 뱃살을 걱정하는 이들이 많다. 맥주가 뱃살의 주범이고 다이어트의 적은 맥주라는 공식이 만들어졌다. 영어에서도 중년의 불룩한 배를 가리켜 *beer belly*라고 칭한다. 동서양을 막론하고 맥주가 뱃살의 주범으로 여겨지고 있다.

그렇다면 과연 맥주의 칼로리는 얼마나 되고 어떤 영양성분이 얼마나 들어있을까?

맥주 100g당 평균 열량(kcal) 43, 지방 0g, 포화지방 0g, 다불포화지방 0g, 단일불포화지방 0g, 콜레스테롤 0mg, 나트륨 4mg, 칼륨 27mg, 탄수화물 3.6g, 식이 섬유 0g, 당류 0g, 단백질 0.5 g, 비타민 A 0mg, 비타민 C 0mg이 포함되어 있다.

당연히 맥주에는 유의미한 수치의 영양소가 존재하지 않는다. 보통 라거 맥주를 기준으로 100g당 약 43kcal 정도의 열량을 가지고 있다.

맥주의 열량은 어디에서 나올까? 주로 맥주 내의 알코올과 탄수화물 그리고 단백질에서 나온다. 제품별로 알코올 함량이 ABV % 방식으로 나오기 때문에 알코올이 가지고 있는 열량은 쉽게 구할 수 있다. 알코올 1g은 7kcal의 열량을 함유하고 있다. 제품별로 알코올 함량, 용량을 기준으로 몇 g의 알코올을 가지고 있는가를 구해내면 된다.

맥주 칼로리 중에서 알코올에서 기인하는 부분은 아래와 같다.

열량 칼로리(kcal)
= (용량 ml X 알코올도수 X 알코올 비중 0.8 X 7kcal) / 100

예를 들어 5.0% 알코올 도수의 500ml 캔의 맥주 한 캔에서 알코올에서 기인하는 칼로리는 (500*5.0*0.8*7)/100=140kcal다.

그런데 보통 맥주 500ml의 열량은 150~250kcal 정도다. 그렇다면 나머지 열량은 어디에서 나올까?

바로 탄수화물과 단백질이다. 맥주의 성분을 보면 보통 맥주 100g당 지방은 0g, 단백질은 0.5g, 탄수화물은 3.6g 정도 포함되어 있다. 지방은 9kcal, 단백질은 4kcal, 탄수화물은 4kcal의 열량을 함유하고 있다. 맥주 스타일에 따라 같은 알코올 도수에도 포함되어 있는 단백질, 탄수화물의 양이 다르기 때문에 총칼로리가 달라지게 된다.

일반적으로 고 알코올 맥주가 칼로리가 더 높고 에일 제품들이 라거보다 칼로리가 높은 경우가 많다. 라이트 lite 제품들은 알코올 함량도 낮고 기타 에너지원 함량도 낮아 보다 낮은 칼로리를 함유하고 있다. 다이어트 측면에서 보면 흡수된 에너지가 다 소비될 것이냐 아니면 소비되지 못한 에너지가 지방으로 체내에 축적될 것이냐가 관건이다.

그런데 맥주 칼로리의 대부분이 알코올에서 기인하는데 이는 음주 시 혈액순환이 빨라지고 체온이 상승하는 데 필요한 에너지원으로 주로 사용되기 때문에 체내에 축적되는 양은 그리 많지 않다고 많은 학자들이 이야기한다.

우리에게 잘 알려진 몇 가지 제품(캔/병)당 칼로리는 다음과 같다. 버드와이저 145, 코로나 148, 하이네켄 142, 스텔라 아르투아 141, 블루문 168, 미켈럽 라거 156 등이다.

칼로리가 신경 쓰인다면 저 알코올 라이트 비어, 무알코올 맥주를 시도해 보는 것도 방법이다.

참고로 우유 100g의 칼로리가 66kcal, 오렌지 주스 45kcal, 밥 한 공기 263kcal, 라면 1개 500kcal임을 볼 때 100g당 43kcal

의 칼로리를 가지고 있는 맥주가 뱃살의 주범이며, 다이어트의 적으로 누명을 쓰는 것은 참으로 억울하지 않을 수 없다.

물론 문제는 맥주를 1잔만 마시는 사람들이 많지 않다는 함정이 있다. 또한, 맥주만 마시는 사람이 거의 없고 고열량 안주를 함께 하는 것이 문제다. 어차피 마실 거라면 이런저런 걱정하지 말고 적당히 즐겁게 즐기는 것이 최고라 생각한다.

7. 9월 넷째 목요일 17:59 건배!

기네스 맥주는 세계 150여 나라에서 매일 1천만 잔 이상 소비되는 가장 인기 있는 스타우트 맥주다. 그 풍부한 맛만큼 흥미로운 이야기도 넘쳐난다.

연간 임대료 45파운드, 임대 기간 9,000년

1755년 아서 기네스*Arthur Guinness*에 의해 설립되어 1759년 아일랜드 더블린의 골칫거리였던 세인트 제임스 게이트 *St. James's Gate Brewery* 폐허 양조장을 임대 기간 9,000년, 계약금 100파운드, 임대료 인상 없는 연간 임대료 45파운드(약 7만 원 정도)에 더블린시와 계약을 맺었다.

하지만 지금은 그 임대계약은 더 이상 유효하지 않다. 기네스에서 더블린시로부터 부지를 매입했기 때문이다.

인터넷을 물리친 기술상 '위젯 볼'

기네스 드래프트 맥주의 가장 큰 매력 중의 하나가 크림같이 부드러운 거품이다. 이런 부드러운 크리미 헤드를 만들어 내기 위해 기네스 드래프트 캔 안에는 지름 2.5 인치의 플라스틱 위젯 볼이 있다. 그 안의 액화 질소가 캔이 오픈되는 순간에 캔 위로 떠 오르며 기화되어 크림처럼 부드러운 거품을 만들어 낸다.

   1991년에 여왕으로부터 수여되는 '*Queen's Award for Technology*' 기술상 수상에서 '인터넷'을 제치고 기네스 맥주의 위젯 볼이 수상했다. 1991년 테크놀로지 부문에서 인터넷을 물리친 거품 제조 플라스틱 공이다.

119.5초의 기다림

기네스 맥주를 판매하는 펍에서는 크림 같은 완벽한 거품을 만들어 내기 위해서 119.5초의 퍼펙트 파인트 타임을 기다려야 한다. 파인트 잔을 기울여 맥주를 따르고 맥주 안의 질소가 기화되며 크림 같은 거품을 만들어내는 시간이 120초, 2분도 아닌 119.5초라고 한다.

펍에서 논쟁, 기네스북을 탄생시키다!

기네스 맥주는 몰라도 기네스북을 모르는 사람은 없을 것이다. 기네스북에는 세계 모든 분야의 진기록이 남겨 있고 갱신되고 있다.

맥주 펍에서 맥주를 마시며 "세상에서 제일 ~한 것이 뭔지 알아?" 하는 사소한 논쟁이 기네스북의 시발점이다. 설립자 아서 기네스의 4대손이며 브루어리의 임원이었던 휴 비버 *Hugh Beaver*는 펍에서 "어떤 새가 가장 빠른가?"에 대해 논쟁을 벌였고 1년여의 조사 끝에 1955년 세계 최고의 기록들을 모은 '기네스북 오브 레코드 *The Guinness Book Of Records*를 발간했다.

수염 때문에 연간 6억 5천만 원 낭비?

영국 U.K에서 수염 때문에 버려지는 기네스 맥주는 연간 $536,000 (약 6억 5천만 원)이다. 2000년 한 조사에 의하면 기네스 한 모금을 마실 때마다 0.56 ml의 맥주가 수염에 묻어 닦여져 나가고 파인트(473ml) 잔 한 잔을 끝내는데 평균 10모금을 마신다.

영국에서 연간 기네스 소비자 중 수염을 기른 사람이 92,370명으로 추산되며, 그들이 소비하는 기네스의 양은 평균적으로 연간 180파인트라고 한다. 그 총비용을 계산해 보면 연간 약 536,000달러의 맥주가 낭비되는 셈이다.

9월 넷째 목요일 17:59

2009년부터 매년 9월 넷째 목요일 오후 5시 59분에 기네스 맥주의 탄생을 기념하며 *Arthur's Guinness Day* 기념행사가 열린다. 기네스 양조장을 계약한 1759년을 기념하기 위해 17시 59분에 "*To Arthur*" 건배사로 시작한다.

"다들 맥주를 안 마시길래…"

기네스 맥주에 대한 자부심을 나타냈다는 일화가 있다. 세계 맥주회사 사장들의 행사장에서 각국의 대표들은 하이네켄, 버드와이저, 칭타오 등등 자신들의 회사 대표 맥주를 주문했다. 그런데 기네스 대표는 콜라를 주문했다.

그 이유를 물었더니 "다들 맥주를 안 마시길래…"라며 재치 있는 농담으로 자부심을 표현했다고 한다.

검은 대륙의 검은 맥주 사랑

기네스 맥주 소비 1위는 당연히 영국*UK*이다. 놀랍게도 아프리카의 나이지리아와 카메룬이 탑 5 안에 들어있다. 기네스는 세계 다섯 나라에 브루어리를 운영하고 있는데 그중 3곳이 아프리카에 있다.

기네스 맥주를 더욱 맛있게 즐기기!

  기네스 맥주는 그 독특한 크리미한 질감과 깊은 맛으로 유명하다. 기네스를 맛있게 즐기려면 몇 가지 팁을 따라하면 더욱 깊은 풍미를 느낄 수 있다.

  기네스는 너무 차갑지 않은 약 8~12°C에서 가장 맛있게 느껴진다. 너무 차가우면 맛과 향이 둔해지고, 너무 미지근하면 질감이 무거워질 수 있다.

  기네스를 서빙할 때는 기네스 전용 파인트 잔 *Guinness Pint Glass*을 사용하는 것이 좋다. 이 잔은 맥주의 거품층이 이상적으로 형성되도록 설계되었다.

  기네스 드래프트 *Draft* 캔이나 병을 사용할 경우, 서빙 전에 병이나 캔을 흔들지 말고 잠시 안정시킨다. 일반적인 맥주를 잔에 따를 때는 잔을 45도 각도로 기울인 후, 잔의 약 3/4 정도를 채운 다음 잔을 세우고 맥주를 천천히 부어 잔을 가득 채운다. 하지만 기네스 경우 캔 안에 위젯볼 속 액화질소가 잔에서 기화하며 크림 같은 거품을 만들어 낸다. 맥주를 따를 때 잔을 기울여 천천히 따르면 질소가 날아가서 크리미한 거품 형성이 안 될 수 있다. 탄산이 날아갈 걱정 없이 바로 콸콸 따르면 된다.

  기네스의 아이코닉한 거품층은 시간이 필요하다. 맥주를 따른 후 거품이 완전히 가라앉아 검은 맥주와 하얀 거품층이 분리될 때까지 기다린다. 바로 기네스에서 말하는 119.5초다.

첫 모금을 할 때 거품을 통과하여 맥주의 풍미를 바로 느껴본다. 너무 빨리 마시기보다는 천천히 즐기며 그 깊은 맛을 음미한다.

기네스는 다양한 음식과 잘 어울리지만, 생굴, 초콜릿케이크, 티라미수, 체다, 블루 치즈, 스테이크, 바비큐, 램찹 등과 잘 페어링된다.

기네스는 숙련된 바텐더가 서빙할 때 가장 이상적인 맛을 발휘한다. 가능하다면 기네스 인증 전문펍에서 드래프트로 즐겨보는 것도 기네스의 매력을 느끼는 방법이다.

| 맥주는 얼마나 독하게 만들 수 있나? |

맥주의 알코올 도수는 얼마까지 가능할까? 일반적인 맥주의 제조방법으로는 사실상 20%를 넘기 어렵다. 보통 알코올 함량 18% 정도 되면 대부분의 효모균이 맥주 내의 알코올 때문에 사멸하기 때문이다.

일반적으로 즐기는 라거 맥주들이 거의 4~5%대의 알코올 함유하고 있다. 하지만 고 알코올 맥주들을 보면 20%, 심지어는 40%, 60%대의 알코올 함량을 자랑하는 맥주도 있다. 스코틀랜드의 스네이크 베놈 *Snake Venom* 맥주는 67.5%를 자랑한다.

실상 이렇게 높은 고도수의 맥주는 맥주로써 음용성이 떨어지는 균형이 깨진 맥주라 해야 옳다. 하지만 맥주 브루어리들은 그들의 기술력을 자랑하고 마케팅 요소로 이슈화하기 위해서 이런 고 알코올 맥주를 생산하기도 한다.

대표적인 증류주인 위스키는 발효가 끝난 술에 열을 가하여 물보다 빨리 증발하는 기화 알코올을 잡아 냉각시켜 다시 액화 알코올로 증류하는 방식으로 높은 알코올 도수의 술을 만들어 낸다. 반면에 고 알코올 맥주는 위스키나 보드카 등의 증류주와는 다소 다른 방식으로 고 알코올 함량의 맥주를 만들어낸다.

20%가 넘어가는 고 알코올 맥주는 다른 증류주와는 달리 열을 가해 순도가 높은 알코올을 얻어내는 방식이 아니다. 반대로 온도를 낮춰 수분을 제거하는 아이싱 *icing* 공법을 사용한다.

물은 0°에서 얼지만, 순수 알코올은 영하 114°에서 언다. 따라서 발효가 끝난 맥주 온도를 물의 결빙점 이하의 영하로 낮춰서 수분을 얼려 얼음을 제거하여 맥주 단위 부피당 알코올 함량을 높인다.

아이싱 공법이 아닌 순수 발효 과정에서 얻어지는 알코올만으로 높은 함량을 갖는 고 알코올 맥주들은 날씨가 추워지기 시작하는 늦가을부터 겨울까지 즐기기에 안성맞춤이다.

밀맥주를 좋아한다면 바이젠 복weizen bock 스타일의 맥주를 즐기면 좋다. 복 bock은 그 자체가 하나의 맥주 스타일이면서 좀 더 강한 버전의 맥주를 나타내는 수식어로 사용되기도 한다. 도펠 복 Doppel Bock 스타일의 맥주는 복 맥주의 두 배라는 의미지만 실제로 두 배의 알코올 함량을 나타내지는 않고 복 맥주보다 더 강한 스타일의 라거 맥주다.

벨지언 스트롱 에일이나 쿼드루펠 *Quadrupel* 스타일 등의 고알코올 맥주들은 깊은 맛과 향, 풍미가 일품이어서 천천히 음미하며 즐기기에 좋은 맥주다.

겨울 시즌을 겨냥한 홀리데이 비어, 크리스마스 에일 등 겨울철 윈터 워머 비어 *Winter Warmer Beer*는 매니아들의 입맛을 사로잡고 분위기 있는 겨울 시즌을 함께 한다. 이런 대부분의 고 알코올 맥주들은 여름에 즐기는 라거처럼 차가운 온도에 즐기지 않는다. 12~15° 정도의 온도에 즐기면 맛과 향을 더욱 확실하게 느낄 수 있다.

8. 맥주 축제가 된 결혼식 옥토버페스트

 독일 하면 떠오르는 맥주, 맥주 축제하면 떠오르는 옥토버페스트는 10월이 아닌 9월에 시작하는 맥주 축제다. 옥토버페스트의 유래는 원래 맥주 축제도 아니었다.

 옥토버페스트의 유래는 1810년 10월 바바리아의 루트비히 *Ludwig* 1세와 테레제 *Therese* 의 결혼식에서 시작한다. 그다음 해에 농업박람회와 결혼 1주년 기념행사가 개최되고, 1818년부터 회전목마, 그네, 맥주 가판대가 등장하기 시작했다.

 그다음 해부터 놀거리, 먹거리, 마실 거리가 함께하는 시민축제로 발전했고, 더 따뜻한 날씨에 축제를 즐길 수 있도록 9월 중순으로 축제 시기를 옮겼다. 그래서 옥토버페스트 기간은 보통 9월 중순에서 10월 첫째 주말까지 진행된다.

 축제의 첫날, 전통 복장을 입은 사람들이 뮌헨 시내를 행진하며 축제의 시작을 알린다. 뮌헨 시장이 첫 번째 맥주통을 개봉하며 공식적으로 축제가 시작된다. 축제는 뮌헨 중심부의 테레지엔비제 *Theresienwiese* 라는 광장에서 열린다. 주말과 저녁 시간에는 매우 혼잡하므로, 평일 낮 시간에 방문하는 것이 쾌적하다.

　맥주 텐트 예약은 필수는 아니지만, 인기 있는 텐트는 사전에 예약하는 것이 좋다. 옥토버페스트 전통적인 바바리안 축제로 뮌헨에서 양조된 옥토버페스트, 메르첸 스타일의 맥주만 축제에 사용된다.

　1810년에 시작한 축제는 200년이 넘는 세월 동안 2021년까지 26번 취소되었다. 전쟁과 전염병이 주된 이유였다. 역시 2019년에도 코로나라는 전염병 때문에 취소할 수밖에 없었다.

　옥토버페스트 축제는 술을 테마로 하다 보니 과음으로 인해 크고 작은 불미스러운 사고들이 끊이지 않는다. 소매치기, 도난, 폭행, 성폭행 등 사고에 연루되지 않도록 조심해야 즐거운 축제를 즐길 수 있다. 맥주 축제임에도 밤 11시 30분에 마감된다. 하지만 다음 날 아침 9시~10시 사이에 다시 개장한다.

옥토버페스트는 대형 맥주 텐트와 가판대로 구성되어 있다. 뮌헨 지역의 전통 양조장에서 생산된 특별한 옥토버페스트 맥주만 제공된다. 방문객들은 전통적인 1리터짜리 맥주잔(마스, *Maß*)에 맥주를 담아 마신다. 축제에서는 독일의 전통 음식이 함께 제공된다. 대표적인 음식으로는 프레첼, 브라트부르스트(소시지), 슈바인학세(구운 돼지족발), 슈트루델(애플 파이) 등이 있다.

많은 방문객들이 독일 전통 의상인 디른들(*Dirndl*, 여성용 드레스)과 레더호젠(*Lederhosen*, 남성용 가죽 바지)을 입고 축제에 참여한다.

맥주 축제니 당연히 어른들의 축제라고 생각할 수 있지만, 옥토버페스트는 온 가족이 즐기는 축제다. 80여 종의 놀이기구, 퍼레이드가 등장하여 어른들과 아이들이 즐길 수 있다.

매년 6백만 명이 넘는 사람들이 축제에 참여하며, 1만 3천여 명의 고용을 창출하여 지역 경제에 많은 도움을 준다. 행사 기간 동안 14개의 대형 비어홀 텐트가 설치되며 가장 큰 호프브로이*Hofbrau-Festhalle* 텐트에는 1만 1천 명이 동시 앉을 수 있다.

옥토버페스트는 명실상부한 세계 제일의 맥주 축제다. 단순한 맥주 축제를 넘어서 독일인들의 문화를 전 세계인과 함께하는 문화 축제다.

독일의 옥토버페스트는 매년 약 600만 명 이상의 사람들이 방문하며, 700만 리터 이상의 맥주가 소비된다. 옥토버페스트의 전통과 형식은 독일 이외의 나라에서도 모방되어, 전 세계 여러 지역에서 자체적인 옥토버페스트 축제가 열린다. 가을철 독일 여행 계획이 있다면 옥토버페스트를 경험해보는 것도 멋진 선택이 될 것이다.

패리스 힐튼은 2006년 축제에서 캔 와인 제품을 홍보해서 그 후로 주최 측으로부터 축제 영구 출입금지 조치를 당하게 되었다는 일화가 있다.

| 한국에는 치맥, 독일에는 족맥 |

　우리나라에 치맥이 있다면 독일에는 족맥이 있다. 우리의 치킨 사랑만큼이나 독일인들의 소시지, 족발 사랑도 만만치 않다. 비어홀, 비어가든 그리고 옥토버페스트 맥주 축제에서 독일의 족발 요리는 결코 빠질 수 없는 메인 요리다.

슈바인스학세*Schweinshaxe*라 불리는 독일식 족발 요리는 맥주에 빠질 수 없는 궁합이다. 남부 바이에른 지역에서는 슈바인스학센*Schweinshaxn*이라고 불리기도 한다. 북부 지역에서는 아이스바인*Eisbein*이라 불리며 다소 조리법에 차이가 있다. 어떤 이름으로 불리든 독일인의 맥주 안주로 족발 요리는 빼놓을 수 없다.

*Schwein*은 돼지를 의미하고 *haxan*은 다리 정강이를 의미한다. 그래서 *schweinshaxn*은 돼지 족발 요리다.

독일 남부 지역 '슈바인스학센'

독일 남부식 학센은 뼈가 있는 돼지 족발을 소금, 후추, 월계수, 캐러웨이 씨*caraway seed*, 양파, 마늘 등을 넣고 흑맥주에 삶아낸다. 주로 둔켈*dunkel*, 복*bock*, 도펠복*doppelbock*, 슈바르츠비어*Schwarzbier*, 마르첸*Marzen*, 비엔나 라거*Vienna lager* 등의 맥주를 사용한다.

잘 삶아진 족발을 다시 오븐에 넣어 껍질이 바삭할 때까지 구워낸 후에 그레이비*gravy* 소스, 독일식 양배추 절임인 사우어크라우트 *sauerkraut*, 구운 감자, 감자 빵*potato dumpling* 등과 함께 서빙한다. 학센은 자르지 않고 칼을 꽂아 통째로 그대로 제공한다. 학센의 껍질은 칼질이 어려울 정도로 바삭하지만, 속살은 매우 부드럽다.

독일 북부 지역 '아이스바인'

독일 북부지방의 족발 요리인 아이스바인*eisbein*은 소금, 허브,

향신료로 절인 후에 맥주에 삶아낸다. 슈바인스학센과 달리 오븐에 구워 껍질을 바삭하게 하지 않고 부드러운 껍질 그대로 즐긴다. 학센과 달리 겉은 부드럽지만, 속살은 염지 기간 동안에 탱탱하고 찰지게 변해서 훈제 햄과 같은 쫄깃한 식감을 나타낸다.

학센이나 아이스바인이나 지역에 상관없이 레스토랑, 비어하우스에서 쉽게 접할 수 있다.

중세에 금식 기간에 허기진 수도사들이 수도원에서 흔히 기르던 돼지를 몰래 구워 먹던 것이 일반에 알려지고 전통음식으로 자리 잡고 즐기게 되었다는 이야기가 전해진다.

치맥으로 시작한 한국의 맥주-요리 궁합이 피맥(피자와 맥주), 버맥(버거와 맥주)을 넘어 학맥(학센과 맥주)으로 빠르게 다양화되고 있다. 학센과 맥주의 궁합은 어느 맥주도 잘 어울리지만, 조리 과정에서도 사용되는 독일 다크, 앰버 계열의 맥주와 함께하면 더욱 환상적이다. 둔켈 라거, 슈바르츠 비어, 헤페 바이젠 둔켈, 도펠복, 복, 마르첸, 비엔나 라거 등과 함께 즐기면 말로 설명할 수 없는 환상의 궁합을 경험할 수 있다.

9. 체코에서 황금빛 맥주시대를 열다

체코는 맥주 문화와 역사가 깊고, 세계적으로 인정받는 맥주 생산국 중 하나다. 체코 맥주는 품질과 전통으로 유명하며, 세계에서 1인당 맥주 소비량이 가장 높은 나라로 알려져 있다. 체코 역시 수도원을 중심으로 맥주가 양조되어 수도사와 주민들이 소비했다. 13세기에 보헤미아 지역의 도시들이 맥주 생산 허가를 받기 시작했다.

18세기 초 영국에서 코크스 연료를 이용하여 몰트를 건조하기 시작하면서 옅은 맥주를 생산하기 시작했다. 오늘날 우리가 즐기는 황금빛 라거의 시대를 열어준 곳은 체코의 플젠*Plzen* 지역이다. 1842년 독일 바바리아 출신의 요셉 그롤*Josef Groll*이 체코 플젠의 버거스 브루어리*Burghers' Brewery*에서 만든 황금빛 투명한 맥주는 많은 맥주 애호가들을 놀라게 했다.

때마침 생산된 투명한 유리잔에 담긴 투명한 맥주의 매력은 맥주 애호가들의 사랑을 받았고 더 많은 맥주 소비를 불렀다. 필스너 *Pilsner*는 플젠의 독일식 표현인 필젠*Pilsen*에 '*er*'을 붙여 '필젠에서 나온'의 의미를 따서 필스너*Pilsner*로 부르게 되었다. 필스너 맥주의 인기는 빠르게 퍼져나갔고 타 지역의 양조자들도 너나 할 것 없이 자신들이 만든 맥주를 필스너 맥주라고 부르기 시작했다.

결국, 1898년 버거스 브루어리는 필스너 맥주 상표의 범람과 맞서기 위해 자신이 생산한 맥주를 필스너 우르켈*Pilsner Urquell*로 등록했다. 필스너 우르켈은 필스너의 원조란 뜻으로 체코어로는 플젠스키 프라이즈드로이 *Plzensky Prazdroj*로 표기한다. 또한, 플젠 양조장은 1908년 비트부르크 *Bitburg*의 지몬 브루어리 *Simon Brewery*에서 '오리지널 지몬 브로이 도이치 필제너'를 출시했을 때 '필제너' 표시를 막기 위해 5년에 걸친 법정 싸움을 진행했다.

하지만 법원의 판결은 필제너는 원산지 표기라기보다는 하나의 맥주 스타일로 봐야 한다는 판결을 내렸다. 그러나 다행히도 모든 독일 맥주에는 플젠 지역에서 만든 맥주가 아니라는 것을 알 수 있도록 맥주 생산지를 표기하도록 했다. 결국, 독일의 양조장들은 필제너 대신 필스 Pils 로 표기하기 시작했다.

이렇게 필스너 표기 문제는 일단락되는 것 같았지만 많은 양조업자들이 옥수수나 쌀을 섞어 만든 옅은 맥주에 필스너 이름을 사용했다. 지금도 세계 여러 곳에서 생산되는 필스너 맥주들이 오리지널 필스너의 제조방식이 아니라 맥아 외의 부가 곡물과 적은 홉을 사용하여 만든 맥주다.

체코가 공산주의 체제하에 들어가면서 양조장들이 국유화되었으나, 맥주 품질은 유지되었다. 1990년대 이후 시장 개방과 함께 전통적인 양조법과 현대 기술이 결합된 맥주 생산이 확대되었다.

체코는 세계 최고의 홉 생산지 중 하나로, 특히 자츠홉 *Saaz Hop*이 유명하다. 자츠홉은 부드러운 쓴맛과 독특한 향을 제공한다. 맥주에 사용되는 물은 부드럽고 미네랄 함량이 적어 필스너 스타일의 맥주에 적합하다. 체코 맥주의 대부분은 라거 스타일이다. 황금빛 필스너부터 어두운 라거까지 다양한 라거를 생산한다.

체코는 맥주 양조 기술과 스타일에서 세계적으로 큰 영향을 미쳤다. 특히 필스너 스타일은 독일, 미국 등 세계 여러 나라에서 채택되며 라거 맥주의 표준이 되었다.

체코를 방문하면 현지 맥줏집에서 신선한 생맥주를 맛보는 것을 추천한다. 세계 최고 수준의 체코 맥주의 깊은 역사와 풍미를 직접 경험할 수 있는 기회다. 그것도 아주 저렴한 가격으로 말이다.

| 체코 맥주는 웬만하면 12°? |

체코는 세계적으로 잘 알려진 필스너 우르켈*Pilsner Urquell*, 코젤*Kozel*, 감브리너스*Gambrinus*, 크루소비체*Krusovice*, 부드바르*Budvar* 등 품질 좋은 맥주를 생산하고 있다. 소매점은 물론 음식점, 주점에서도 매우 저렴한 가격으로 질 좋은 맥주를 즐길 수 있다.

그런데 체코를 여행하면서 마셨던 맥주를 보면 보통 알코올 함량이 10~12°인 것을 알 수 있다. 그렇게 부드럽고 가볍게 마셨던 맥주가 12도면 잘 이해가 되지 않는다.

체코는 다른 나라들과는 다른 방식으로 맥주 알코올 함량을 표기한다. 바로 플라토 스케일 *Plato Scale*이다. °P로 표기하고 디그리스 플라토 *Degrees Plato*라고 읽는다. 보통 세계 대부분의 나라에서는 ABV % 방식으로 알코올 함량을 표기한다.

Plato °P 방식과 ABV % 방식은 차이가 있다. 우리나라에서는 '알코올 5%'를 '알코올 5도'라고 읽기도 하고 5° 또한 '5도'라고 읽는다. 그래서 착오가 생기기 쉽다.

플라토 방식은 발효가 진행되기 이전의 맥아즙에 녹아 있는 당분*Sucrose* 중량 비율을 나타내는 것이다. 12° Plato는 발효 전 맥아즙 100g당 12g의 당분이 포함되어 있다는 것을 의미한다.

그렇다면 맥아즙에 포함되어 있는 당분의 양이 맥주 알코올 함량과 무슨 상관이 있을까? 맥주 효모가 맥아즙 안에 함유되어 있는 당을 먹고 탄산가스와 알코올을 생성해 내는 것이 알코올발효다. 따라서 당이 많으면 더 많은 알코올을 생성해 낼 수 있다.

플라토 스케일 방식으로 알코올 함량을 표기하는 나라는 대표적으로 체코, 슬로바키아, 중국, 북한 등이 있다.

ABV % 변환

거의 대부분 국가에서 사용하는 ABV % *Alcohol By Volume* 방식의 알코올 함량 표기는 발효가 끝난 용액 (맥주) 100ml 안에 포함되어 있는 에탄올*ethanol*의 양 ml를 %로 나타내는 것이다.

° *Degrees Plato*를 우리가 일반적으로 사용하는 ABV %로 변환하는 것은 상당히 복잡한 수학 계산 과정을 거쳐야 한다.

체코나 중국 등 플라토 방식으로 표기하는 나라를 여행하며 맥주를 즐길 때 우리가 이해하기 쉬운 %로 변환하는 간단한 방법은 두 가지가 있다.

˚P 곱하기 0.4 또는 ˚P 나누기 2.4를 하면 대략적인 근접치를 알 수 있다. 예를 들어 11˚P라고 표기된 맥주는 공식에 의하면 4.5%다. 간단히 0.4를 곱하면 4.4%, 2.4로 나누면 4.6%의 근사치를 얻을 수 있다.

˚P → % 변환표			
Plato Scale ˚P → ABV %		간략 계산 추정치	
Plato Scale ˚P	ABV %	(˚P X 0.4) %	(˚P ÷ 0.4) %
8˚	2.9%	3.2%	3.3%
9˚	3.4%	3.6%	3.8%
10˚	4.0%	4.0%	4.2%
11˚	4.5%	4.4%	4.6%
12˚	5.1%	4.8%	5.0%
13˚	5.6%	5.2%	5.4%
14˚	6.2%	5.6%	5.8%

위의 표를 보면 공식에 의해 계산된 ˚P → % 변환 수치와 대략적인 산수에 의해 구한 수치를 참고할 수 있다.

10. 세상을 바꾼 3대 맥주 발명

맥주의 알코올과 탄산은 알코올발효의 부산물이다. 맥주의 알코올발효는 맥아즙의 당분을 효모균이 먹고 알코올과 이산화탄소를 생산하는 일련의 과정이다.

19세기 중반 프랑스의 생물학자이며 화학자인 루이 파스퇴르 *Louis Pasteur*에 의해서 맥주의 발효 과정에서 효모의 작용이 밝혀지기 전까지는 아무도 맥주와 효모의 연관성을 알지 못했다. 파스퇴르가 맥주 발효를 연구하는 과정에서 효모의 작용을 알아내면서 맥주 역사에 큰 획을 긋게 된다.

세상을 바꾼 3대 맥주 발명은 프랑스 루이 파스퇴르의 저온 살균법, 독일 칼 린데*Carl Von Linde*의 암모니아식 냉동기, 덴마크 에밀 한센*Emil Christian Hansen*의 순수 배양법이다.

파스퇴르는 맥주 연구를 통해 효모의 존재와 세균에 의한 식품의 변질, 부패에 대해 알게 되었다. 그는 연구 끝에 식품의 변질을 막을 수 있을 정도의 저온 살균법을 개발했다. 이 방법을 파스퇴르의 이름을 따서 '파스퇴르 공법'*pasteurization*이라 한다. 저온 살균을 통해 효모균과 세균을 죽여서 맥주 안에서 더 이상 발효가 진행되거나 변질이 진행되는 것을 막을 수 있게 되었다.

파스퇴르의 연구는 당시 맥주 제조업체들에게 큰 도움을 주었다. 그는 자신의 연구를 토대로 1876년에 《맥주 연구: 그 발효 과정 및 질병 연구》*Studies on Beer: Its Fermentation and Diseases* 라는 책을 출간했다. 이 책은 발효와 미생물학에 관한 중요한 정보를 제공하며, 맥주 양조 기술을 과학적으로 향상시키는 데 기여했다.

오늘날 우리가 즐기는 안정적이고 고품질의 맥주는 파스퇴르의 연구에 크게 의존하고 있다. 그의 연구는 맥주뿐만 아니라 전체 식품 및 음료 산업의 위생 표준을 높이는 데 중요한 초석이 되었다.

저온 살균법은 우유에 앞서 맥주의 변질을 막기 위해 시행되었다. 저온 살균을 통해서 더 오랫동안, 온도의 변화에 견디며 맥주의 품질을 유지하며 더 오래 보관할 수 있게 되었다. 지구 반대편에서 생산된 맥주를 오랜 항해에도 불구하고 일정한 품질을 유지하며 즐길 수 있다. 파스퇴르의 저온 살균법은 맥주 애호가들에게 커다란 선물이 되었다.

칼 폰 린데 *Carl von Linde*는 독일의 공학자로, 현대 냉각 기술의 선구자이며 맥주 산업 발전에 큰 기여를 한 인물이다. 그의 발명품은 맥주의 품질과 생산 효율성을 획기적으로 향상시켰다.

1876년, 칼 린데는 암모니아 압축 시스템을 사용하는 최초의 냉동기를 개발했다. 이 기술은 압축과 팽창 과정을 통해 온도를 낮추는 원리를 기반으로 한다. 이 발명은 식품 보관, 맥주 양조, 냉각 공정 등 다양한 산업에 혁명을 가져왔다.

린데의 냉동기는 맥주 발효 및 저장 과정에서 안정적인 저온 환경을 제공했다. 기존의 라거 맥주 양조는 차가운 기후나 겨울철에만 가능했지만, 린데 냉동기를 통해 연중 내내 안정적으로 라거 맥주를 생산할 수 있게 되었다.

결과적으로 라거 맥주는 독일, 체코, 오스트리아 등에서 대중화되었고, 전 세계로 퍼지게 되었다. 일정한 온도를 유지할 수 있게 되면서 발효 과정이 표준화되어 맥주의 맛과 품질이 더욱 균일해졌다. 특히 대형 양조장에서 대량 생산이 가능해졌으며, 맥주의 유통 기한이 연장되었다.

　냉동 기술 덕분에 맥주는 먼 거리로 운송되더라도 품질이 유지될 수 있었다. 이는 맥주 수출을 활성화시키는 데 중요한 역할을 했다. 린데 냉동기는 맥주 양조 과정을 자동화하고 규모를 확대할 수 있게 하여 현대적인 대형 양조장의 탄생을 가능하게 했다.

　하이네켄*Heineken*, 안호이저-부시*Anheuser-Busch*, 필스너 우르켈*Pilsner Urquell* 등 많은 대형 양조장이 린데의 기술을 채택하여 생산량을 대폭 늘렸습니다.

　린데는 1879년 자신의 이름을 딴 회사, 린데 AG *Linde AG*를 설립하여 냉동 기술을 상용화했다. 이 회사는 오늘날까지도 산업용 가스 및 냉각 시스템 분야의 세계적인 선도 기업으로 자리 잡고 있다.

　린데의 냉각 기술은 식품 저장, 아이스크림 제조, 화학 공정 등 여러 산업에 응용되었다. 특히 의료 분야에서는 액화 공정을 활용해 산소 및 기타 가스를 분리하고 저장하는 기술로 발전했다. 그의 공로로 인해, 린데는 독일 및 세계 공학사에서 중요한 인물로 평가받고 있다.

맥주 산업에서는 린데의 기술 덕분에 전 세계 사람들이 고품질의 맥주를 즐길 수 있게 되었으며, 오늘날에도 린데 냉각 기술은 여전히 핵심적인 역할을 하고 있다. 칼 린데의 냉동 기술은 맥주 양조의 계절적 한계를 극복하고 대량 생산과 세계화의 기반을 마련했다는 점에서 맥주 산업 발전의 핵심 요소로 평가받고 있다.

에밀 한센*Emil Christian Hansen*은 덴마크의 미생물학자로, 맥주 산업의 발전에 큰 영향을 미쳤다. 그의 연구와 발견은 맥주의 품질과 생산성을 획기적으로 향상시켰으며, 현대 양조 과학의 기초를 다졌다.

에밀 한센의 가장 중요한 업적은 효모의 순수 배양법을 개발한 것이다. 그는 효모가 맥주의 발효 과정에 필수적이라는 것을 이해하고, 맥주 발효 중 품질 문제를 일으키는 주요 원인이 오염된 효모라는 사실을 발견했다. 그는 개별 효모 세포를 분리하여 순수한 배양 효모를 생성하는 방법을 개발했으며, 이를 통해 맥주의 맛과 품질이 안정적으로 유지될 수 있었다.

　에밀 한센은 덴마크 코펜하겐의 칼스버그 연구소 *Carlsberg Laboratory*에서 일했다. 이 연구소는 맥주 품질을 개선하기 위해 설립된 곳으로, 한센의 연구가 중심이 되었다. 1883년, 그는 '*Saccharomyces carlsbergensis*'라는 이름으로 최초의 순수 배양 효모를 개발했고, 이를 칼스버그 맥주에 사용했다. 이 혁신은 전 세계 맥주 양조 업계로 확산되었다.

　순수 배양 효모 덕분에 맥주의 맛과 품질이 생산 배치마다 균일해졌다. 박테리아나 야생 효모로 인한 오염 문제를 크게 줄였다. 더 효율적이고 예측 가능한 발효 과정을 가능하게 했다. 에밀 한센의 업적은 단순히 칼스버그뿐만 아니라 전 세계 맥주 산업에 혁신을 가져왔다. 그의 기술은 다른 양조장으로 빠르게 퍼졌고, 오늘날에도 효모 연구와 발효 과학의 핵심 기법으로 사용되고 있다. 에밀 한센은 미생물학과 양조 기술을 융합하여 맥주 산업의 품질 표준화를 가능하게 한 선구자였다. 그의 연구는 맥주 제조뿐만 아니라 발효 과학, 미생물학, 생명공학 분야에도 중요한 영향을 미쳤다.

| 공기 중 야생 효모와 미생물의 콜라보 '람빅' |

람빅*Lambic*은 라거도 에일도 아니다. 일반적인 맥주는 배양된 라거 효모나 에일 효모를 이용하여 금속 발효 탱크에서 생산한다. 하지만 람빅은 공기 중에 떠다니는 야생 효모와 미생물을 이용하여 쿨쉽*coolship*이라 불리는 오픈 발효조에서 맥아즙을 노출하여 발효를 시작한다.

그리고 공기가 통하는 오크통에서 산소와 접촉하며 장기간 발효 숙성한다. 일반적인 맥주에서는 젖산이나 잡균에 의해 신맛이 나는 것을 막기 위해 산소와 접촉을 막지만, 람빅은 오히려 반대다.

람빅은 벨기에 남부 브뤼셀과 주변 지역에서 공기 중에 떠다니는 야생 효모와 미생물을 이용하여 오랜 기간 자연 발효하여 만든 새콤한 사우어 비어 *sour beer*다.

람빅은 보통 30~40% 정도의 밀과 나머지 보리 맥아를 사용하여 양조한다. 짧게는 6개월에서 몇 년의 발효 숙성기간을 거친다.

람빅 맛의 특징은 신맛과 젖은 가죽, 헛간, 지하실 곰팡이 냄새 같은 오묘함, 쿰쿰함이 있다. 람빅을 처음 접하는 이들에게는 호불호가 명확히 갈리지만, 일단 그 매력에 빠지면 쉽게 빠져나오지 못하는 탄탄한 매니아층을 이루고 있다.

람빅은 다른 것과 섞지 않은 순수한 그대로의 스트레이트 람빅 *Straight Lambic* 또는 언블렌디드 람빅 *Unblended Lambic*, 체리를 첨가한 크릭 Kriek, 설탕을 첨가한 파로 Faro, 오래된 람빅과 1년 미만의 람빅을 블렌딩한 괴즈 *Geuge* 등의 스타일이 있다.

스트레이트 람빅의 강한 신맛과 쿰쿰함을 싫어하는 이들은 설탕이나 과일 등을 첨가하여 숙성한 과일 람빅이나 파로를 선호한다. 람빅 본연의 맛을 즐기는 매니아들은 스트레이트 람빅이나 괴즈 스타일을 선호한다. 대표적인 프룻 람빅 *Fruit Lambic*인 크릭 *Kriek*은 람빅 원액에 체리 과일을 통째로 넣어 2차 발효 숙성과정을 거친다. 전통적인 방식은 체리의 당분이 완전히 발효될 때까지 발효시켜 단맛이 남아있지 않고 신맛이 매우 강렬하다.

하지만 최근의 크릭 제품들은 발효가 끝난 후에 체리향, 설탕, 시럽 등을 첨가하여 신맛을 완화시키고 단맛과 밸런스를 맞춰 음용성이 훨씬 뛰어나다.

파로 스타일은 발효가 끝난 람빅 원액을 병입시킬 때 캐러멜이나 흑설탕 등의 당분을 첨가하여 람빅 원액의 거친 맛을 다소 부드럽게 하여 마시기 쉽게 한 스타일이다. 크릭과 마찬가지로 람빅 입문자들에게는 조금 더 쉽게 다가갈 수 있는 스타일이며 매니아들이 선호하는 스타일은 아니다.

칸티용 양조장은 전통 방식으로 람빅 맥주를 양조하는 브뤼셀의 소규모 양조장으로 120여 년에 걸쳐 가업으로 내려오는 양조장이다.

양조장이 설립될 당시에는 브뤼셀에 100개가 넘는 브루어리들이 양조를 하고 있었지만, 지금까지 브뤼셀 시내에서 양조하는 곳은 칸티용이 유일하다.

칸티용 양조장 *Cantillon Brewery*은 벨기에 브뤼셀에 위치한 전통적인 양조장으로, 람빅 맥주 생산으로 유명하다. 1900년에 설립된 칸티용은 자연 발효 방식과 전통적인 제조 기법을 고수하며 세계적으로 독특한 맥주를 생산하는 곳으로 알려져 있다.

칸티용 양조장은 1900년 장-피에르 칸티용 *Jean-Pierre Cantillon*에 의해 설립되었다. 가족 경영 양조장으로 시작하여 현재까지도 전통을 이어오고 있다. 브뤼셀의 안데르레흐트 *Anderlecht* 지역에 위치하며, 벨기에 람빅 벨트 *Lambic Belt*의 중심부에 있다.

칸티용은 전통적인 람빅 스타일 맥주를 전문적으로 생산한다. 람빅은 독특한 자연 발효 방식으로 제조되며, 이는 브뤼셀과 주변 지역의 공기에 존재하는 야생 효모와 박테리아가 발효에 관여한다는 특징이 있다.

칸티용 양조장은 전통적인 도구와 기법을 유지하며 맥주를 생산한다. 이들의 양조 방식은 현대화된 기계나 첨가물을 사용하지 않고, 19세기 스타일의 방법을 고수한다.

칸티용 양조장은 양조 시설과 함께 브뤼셀 맥주 박물관*Musee Bruxellois de la Gueuze*으로도 운영된다. 방문객들은 람빅 양조 과정을 체험하고, 역사를 배우며, 다양한 람빅 맥주를 시음할 수 있다.

칸티용의 맥주는 시큼하고, 과일향이 풍부하며, 때로는 약간 쓴맛이 나는 독특한 맛이 있다. 인위적인 효모를 첨가하지 않는 자연 발효 방식을 고수한다. 품질을 유지하기 위해 소량 생산 방식을 고수한다. 칸티용은 전통 람빅 맥주를 보존하는 동시에 현대 맥주 애호가들에게 큰 사랑을 받고 있다. 특히, 세계적인 크래프트 맥주 붐 속에서 칸티용의 람빅은 독창성과 역사적 가치를 상징하며 높은 평가를 받고 있다.

칸티용 양조장은 전통적인 양조 방식과 자연 발효를 통해 람빅 맥주의 본질을 지키는 상징적인 장소이다. 이곳은 맥주 역사와 문화를 체험하고 독특한 풍미를 즐길 수 있는 특별한 양조장으로, 맥주 애호가들에게 필수 방문지로 꼽힌다.

람빅은 오로지 전통적인 방식으로 자연의 발효 과정으로 맥주를 만들기 때문에 항상 같은 맥주가 생산되는 것이 사실상 불가능하다. 일반적인 맥주는 항상 맛과 향을 똑같이 유지하는 것이 관건이다.

하지만 람빅의 매력은 생산되는 맥주마다 독특한 특성을 가지고 있다는 것이다. 람빅 맥주는 100여 종의 미생물들의 오묘하고 복잡한 화학작용으로 매번 같지 않은 개성 있는 맛과 향을 만들어 낸다.

국내에서는 칸티용 *Cantillon*, 린데만스 *Lindemans*, 팀머만스 *Timmermans*, 드리 폰타이넌 *3 Fonteinen*, 분 *Boon* 등의 람빅 제품을 맛볼 수 있다.

람빅 맥주는 함께 페어링하는 요리 없이 천천히 음미하며 즐기거나, 과일샐러드, 과일이 들어간 디저트, 아이스크림, 치즈 케이크 등과 페어링하여 음미하면 더욱 맛있게 즐길 수 있다.

11. 100년, 100건 넘는 소송 원조는 누구?

세계적으로 너무나 잘 알려진 미국 맥주 버드와이저*Budweiser*와 체코 맥주 부데요비츠키 부드바르*Budejovicky Budvar*의 해묵은 상표권 분쟁은 100년 넘게 이어져 오고 있으며, 세계 각지에서 100건이 넘는 소송이 진행되었거나 진행 중에 있다.

얼핏 보기에는 버드와이저와 부데요비츠키는 이름부터 다른데 무슨 상표권 분쟁이 있을까 의아할 수 있다. 우선 체코의 부데요비츠키 맥주의 기원부터 보자.

체코의 부데요비체는 맥주 역사에서 중요한 위치를 차지하고 있다. 부데요비체는 1265년에 설립된 도시로, 설립 초기부터 맥주 양조가 시작되었다. 이 지역은 맥주 생산에 적합한 청정한 물과 고품질의 보리, 홉을 갖추고 있어 맥주 양조 산업이 발달했다. 중세 시기부터 부데요비체 맥주는 체코 전역에서 인기를 끌었으며, '왕실 맥'로 불릴 정도로 명성을 얻었다.

1895년에 부드바이저 부드바르 국영 양조장이 설립되었다. 이 양조장은 오늘날 체코를 대표하는 맥주 브랜드로 성장했다. 부드바르 맥주는 700년 이상의 맥주 양조 전통을 바탕으로 만들어졌으며, 지역산 재료를 사용해 독특한 맛과 품질을 자랑한다. 부드바르 맥주는 전통적인 라거 맥주로, 깊고 풍부한 맛, 약간의 쌉쌀한 풍미, 그리고 깔끔한 마무리가 특징이다. 오늘날 부드바이저 부드바르는 체코 정부가 소유한 국영 기업으로, 전 세계적으로 체코 맥주의 상징으로 알려져 있다.

부데요비체는 체코 맥주 문화의 중심지 중 하나로, 맥주 양조의 오랜 전통과 혁신이 공존하는 곳이다. 이곳의 맥주 양조장은 체코 맥주의 품질과 명성을 유지하며 지역 주민과 방문객들에게 사랑받는 명소다. 체코를 방문한다면 부데요비체를 찾아 부드바르 맥주를 직접 맛보는 것도 훌륭한 체험이 될 것이다.

부데요비츠키는 1265년부터 체코의 체스케 부데요비체 *Ceske Budejovice*라는 마을에서 만들어 오는 맥주다. 부데요비츠키는 '부데요비체의', '부데요비체에서 만든' 등을 의미하는 체코어다. 그런데 부데요비츠키*Budejovicky*를 독일어로 표기한 것이 버드와이저*Budweiser*다. 1895년부터 부드바르 *Budvar* 제품명 앞에 '부데요비체에서 만든' 의미로 '부데요비츠키 부드바르', '버드와이저 부드바르'라는 상표를 달고 맥주를 생산한다. 그런데 이보다 19년 앞선 1876년 독일계 미국인 아돌푸스 부시 *Adolphus Busch*가 부데요비체 스타일의 맥주를 미국에서 만들며 '버드와이저'로 상표를 등록했다.

체코에서는 체코 버드와이저를 마시고 미국에서는 미국 버드와이저를 마셨기에 별문제가 없었던 상표권 문제가 1907년 수면 위로 떠오르게 되었다. 체코에서 상표권 문제를 제기했고 전 세계적으로 100건이 넘는 소송이 진행되었거나 아직도 진행 중에 있다.

나라별 소송 결과에 따라 체코가 버드와이저로 판매하는 곳이 있고 미국이 버드와이저로 판매하는 곳이 있다. 체코 버드와이저가 승소한 곳에서는 미국 버드와이저는 버드*Bud*라는 이름으로 판매되고 있다.

버드와이저라는 이름을 놓고 상표권 분쟁이 있기는 하지만 체코 버드와이저와 미국 버드와이저는 스타일이 다른 맥주다. 체코 버드와이저는 맥아 100%의 필스너 스타일 맥주고 미국 버드와이저는 맥아 외에 부가 곡물로 쌀을 사용한 애드정트 라거*Adjunct Lager* 혹은 아메리칸 라거*American Lager* 스타일 맥주다.

미국과 체코의 100년 넘은 분쟁이 언제 매듭지어질지는 모르겠지만 체코 버드와이저와 미국 버드와이저의 인기는 쉽게 식지 않을 것이다.

| 생맥주 기계에 왜 탄산을 연결할까? |

소위 '생맥주'라고 부르는 업소용 탭 맥주는 왜 탄산가스를 연결해서 사용할까? 패스트푸드 음식점의 탄산음료 디스펜서에도 파란색 탄산가스통을 연결하여 사용하는 것을 볼 수 있다.

생맥주 기계나 탄산음료 디스펜서에 사용하는 탄산가스통은 동일하다. 바꿔서 사용해도 무관하다. 그렇다면 생맥주 기계와 탄산음료 기계의 탄산가스 연결 목적도 동일할까?

탄산음료 디스펜서는 음료 원액시럽과 정수기를 통과하는 수돗물 그리고 탄산가스가 연결되어 있다. 여기에 연결된 탄산가스는 음료 원액시럽을 밀어내는 역할과 공급되는 물에 탄산을 주입하여 톡 쏘는 청량감을 주는 목적으로 연결되어 있다. 따라서 순간적으로 물에 탄산이 녹아들어가게 하기 위해서 높은 압력으로 탄산을 주입한다.

반면에 생맥주 기계에 연결하는 탄산가스는 맥주 원액에 탄산압을 높이기 위한 목적이 아니다. 단순히 맥주케그(생맥주통) 안에 있는 맥주를 밀어내기 위한 목적이다. 케그에 담긴 맥주는 병, 캔 제품과 마찬가지로 바로 음용할 수 있는 상태로 이미 탄산압이 맞춰져 있다.

그렇다면 굳이 왜 탄산가스를 이용해서 맥주를 밀어낼까? 지난번 포스팅에서 말씀드린 이취와 관련이 있다. 컴프레서로 외부 공기를 이용해서 맥주를 밀어낼 수도 있다. 그러면 무겁고 불편한 탄산가스통을 연결할 필요가 없다. 하지만 그렇게 되면 맥주가 나가고 빈 공간을 외부 공기가 채우게 된다. 그러면 공기 중의 산소와 맥주가 접촉하여 산화취가 발생할 수 있기 때문에 품질을 유지하기 어렵다. 즉, 이산화탄소 가스를 이용해서 맥주를 밀어내고 그 빈 공간을 이산화탄소가 채워서 산소에 의한 산화취를 최소화하기 위한 목적이다.

그런데 여기서 예기치 않은 다른 부작용이 발생할 수 있다. 장사가 잘되지 않아 맥주 순환이 느린 업소에서는 케그 안의 맥주에 탄산이 과도하게 녹아들어 가면서 적정 탄산압보다 강한 탄산압을 갖게 된다. 그러면 맥주를 따를 때 엄청난 거품이 발생하면서 오히려 김빠진 맥주가 될 수 있다. 혹은 과한 탄산 때문에 맥주의 pH 산도가 바뀌고 맛이 왜곡될 수 있다.

   그렇다면 탄산가스를 사용하지 않으면서 산소 접촉에 의한 산화취를 막을 수 있는 방법은 없을까? 탄산가스를 이용하지 않으면서 산소 접촉도 없이 맥주를 펌핑하는 독특한 방식이 체코의 '탱크비어' 방식이다. 탱크비어 방식의 맥주 펌핑은 뒤에서 다시 설명하기로 한다.

12. 금주령이 만든 스타 마피아 알 카포네

 미국의 금주령 *The Prohibition Law*은 1차 세계대전 당시 부족한 식량 문제를 해결하기 위한 방편의 하나로 술 제조를 금지하면서 시작되었다. 하지만 곧 기독교 근본주의자, 농민, 산업자본가, 반이민자, 인종주의자까지 가세하며 생각지 못한 방향으로 흐르게 되었다. 합법적인 술 제조가 금지되면서 밀주 제조가 성행하게 되었다. 그 와중에 가짜 술이 판치며 건강과 생명을 위협하는 사태가 벌어지기도 하고 갱 조직들이 밀주 제조 유통에 나서게 되었다. 그때 바로 미국 역사상 전설의 마피아 두목 알 카포네*Al Capone*가 두각을 드러내게 되었다.

20대의 나이로 미국 시카고 마피아 조직 시카고 아웃핏의 두목이 된 알 카포네는 금주령을 계기로 미국 역사상 전설적인 마피아 두목으로 성장하게 되었다.

그는 캐나다로 밀주를 수출하는 유통망을 개척했다. 자신의 술을 납품받기 거부하는 술집은 폭탄 테러로 응징하며 세력을 확대해 나갔다. 비록 밀주 사업으로 막대한 돈을 벌어들였지만, 술의 품질 관리도 매우 엄격했다고 한다.

금주령 시대에 단속을 피해 몰래 술을 마시기 위해 뒷주머니에 숨길 수 있는 술병 힙 플래스크*Hip Flask* 혹은 포켓 플래스크 Pocket Flask가 그의 아이디어라는 주장도 있다. 힙 플래스크는 금속으로 납작하게 만들어 뒷주머니에 넣어 술병처럼 보이지 않게 술을 휴대할 수 있는 술병이다.

알 카포네는 폭력 조직의 두목이자 타고난 사업가였다. 금주령 덕분에 조직을 키운 그는 금주령 폐지를 예감하고 다른 사업으로 전환을 계획했다. 바로 낙농업 우유 유통산업이다.

우유는 어느 가정에서나 소비하는 필수품이었다. 그런데 그 당시 우유 유통은 낙후되어 있었고 품질 문제도 심각했다. 정치권에서는 낙농업자의 뒷돈을 받고 오히려 품질 문제를 눈감아 주었다. 이런 문제점을 간파한 알 카포네는 그의 폭력 조직을 동원하여 우유 생산과 유통망을 장악했다. 하지만 우유 품질 관리에 매우 엄격하여 농장주나 유통업자는 낮은 품질의 우유로 장난질을 할 수 없게 되었다. 우유 냉장 유통을 시스템화했으며 우유 유통기한 표기를 의무화하도록 정치권에 로비하여 법을 통과시켰다.

악명 높은 그의 폭력성에도 불구하고 그가 미국 맥주와 우유 품질 관리에 기여한 바는 부정할 수 없다.

| 생맥주 기계의 불편한 진실 |

　시원한 생맥주를 생각만 해도 청량감이 있고 병맥주나 캔맥주에 비해 더 맛있게 느껴진다. 그런데 생맥주 (탭 맥주)는 철저한 관리가 아주 매우 중요하다. 그렇지 않으면 오히려 병이나 캔맥주보다 맛이나 향이 나쁘고 비위생적일 수 있다.
　생맥주를 서빙하는 기계는 몇 가지 형태로 되어 있다. 가장 보편적인 것이 순간식 냉각기다. 냉각기에 물이나 물과 보조 냉매를 채우고 그사이에 맥주가 지나가는 얇은 관이 코일처럼 되어 있어서 차가운 물로 채워진 관을 통해 맥주가 지나가며 순간 냉각되는 방식이다.

생맥주 전용 냉장고는 테이블 냉장고 형태에 맥주 케그 통을 보관하고 상부의 타워를 통해서 맥주가 나오는 방식이다. 그리고 규모가 있는 탭 하우스에서는 워크인 냉장고에 여러 개의 케그를 보관하고 전면에 타공을 하여 탭을 설치하여 서빙하는 방식이다.

위에 설명한 모든 방식이 공통적으로 최종적으로 탭으로 맥주가 나오고, 케그에서 맥주가 나와 이동하는 비어 라인과 연결되는 헤드 부분에 결합하여 라인을 타고 맥주가 이동한다. 그런데 맥주 탭의 노즐 부분, 케그의 헤드 부분, 라인 어느 부분도 철저하게 클리닝을 하고 관리하지 않으면 찌꺼기가 생기게 된다.

헤드 부분도 세척하지 않으면 딱딱하게 굳은 형태의 찌꺼기가 생긴다. 라인에도 노폐물이 쌓여서 치명적으로 맥주의 품질을 떨어트리게 된다. 이런 찌꺼기를 비어스톤이라 한다.

비어스톤*Beerston*은 맥주 양조와 보관 과정에서 발생하는 흔한 위생 문제로, 맥주 품질과 장비 효율에 영향을 미칠 수 있다. 비어스톤은 맥주 양조 장비의 표면에 형성되는 미네랄과 유기 화합물의 혼합물이다. 주로 양조 탱크, 맥주 라인, 열교환기 등에 축적된다. 이를 제대로 관리하지 않으면 위생 문제뿐만 아니라 맥주의 맛과 향에 악영향을 미칠 수 있다.

비어스톤의 주요 원인 맥아 및 홉에서 유래한 유기 화합물, 맥아와 홉에서 나온 단백질, 탄닌 등이 수용성 미네랄과 결합하여 비어스톤 형성을 촉진한다.

특히 경수(경도가 높은 물)에서 칼슘, 마그네슘과 같은 미네랄이 많이 포함되어 있을 경우 비어스톤이 더 쉽게 형성된다. 양조 과정에서 고온과 저온을 반복하는 과정에서 침전물이 더 쉽게 형성됩니다. 장비 표면에 남은 맥주 잔여물이나 청소가 제대로 이루어지지 않으면 비어스톤 축적이 빠르게 진행된다. 비어스톤은 미생물, 특히 맥주를 오염시킬 수 있는 박테리아와 곰팡이의 서식처가 될 수 있다.

이는 맥주 품질 저하와 제품의 부패를 초래한다. 비어스톤이 축적되면 맥주에 불쾌한 금속 맛, 떫은맛과 냄새를 유발할 수 있다. 열교환기와 같은 장비에서 비어스톤 축적은 열전달 효율을 떨어뜨려 에너지 소비가 증가한다. 장비의 수명이 단축될 수 있습니다.

비어스톤 문제를 효과적으로 관리하지 않으면 양조 공정과 최종 제품 판매에 심각한 영향을 미칠 수 있다. 따라서 정기적인 청소와 관리 시스템을 통해 이를 방지하는 것이 필수다. 맥주 업체는 고품질의 맥주를 제공하기 위해 비어스톤 관리에 지속적으로 투자해야 한다.

실제로 라인을 청소하는 과정에서 나온 이물질들을 보면 가위 충격이 아닐 수 없다. 맥주 라인 관리가 안 되는 매장의 경우는 주인이 게으른 일도 있고, 또는 아예 맥주 라인을 청소해야 한다는 것조차 모르는 경우도 많다.

혹은 알지만, 시간과 노력이 들고 가장 큰 문제는 라인 청소에서 발생하는 맥주의 손실 때문에 꺼리는 경우도 아주 많다. 청소 과정에서 배관에 있는 맥주가 청소 전후에 손실이 나게 된다. 맥주 종류가 많고 고가인 경우에 더욱 망설이게 되는 이유다.

맥주를 판매하는 업주들은 맥주 장비 관리를 철저히 하고 그를 적극적으로 고객들에게 홍보할 필요가 있다. 소비자들도 맥주 라인 청소에 대해 더 관심을 가질 필요가 있다. 위생이 의심스러운 곳이라면 병맥주를 주문하여 마시는 것이 더 맛있고 안전할 수 있다.

13. 히틀러, 맥주홀에서 쿠데타를 꿈꾸다

독일에는 세계적인 규모의 맥주홀이 많다. 독일의 대표적인 맥주 문화 중 하나는 비어가르텐*biergarten*이다. 비어가르텐은 영어식 표현으로는 비어가든*Beer Garden*으로 맥주를 즐기는 야외 테라스 공간이다. 많은 맥주홀들이 비어가르텐을 운영하고 있다.

 가장 대표적인 맥주홀 중 하나가 호프브로이하우스*Hofbrauhaus*다. 호프브로이하우스는 16세기 후반 빌헬름 5세 공작이 세운 양조장으로 시작하여 19세기 초에 일반인들에게도 개방되었다. 지금은 독일 뮌헨을 방문하는 관광객이라면 꼭 들러야 할 명소가 되어 세계인의 사랑을 받는 맥주홀이다. 동시 수용인원이 3천 명이 넘는 거대한 규모의 맥줏집으로 1, 2층 내부 좌석과 야외 비어가르텐으로 구성되어 있다.

 호프브로이하우스는 히틀러와의 인연으로도 유명하다. 뮌헨 공산주의 정부는 1919년에 이곳에 본부를 두었다. 히틀러는 그곳에서 열린 독일 노동당 집회에서 연설한 것을 계기로 두각을 나타내기 시작했다. 다음 해 히틀러와 사회주의 단체는 호프브로이하우스 첫 모임을 갖고 1921년 히틀러는 노동당 당수가 되어 당 본부를 그

곳 지하에 두었다. 그는 호프브로이하우스 맥주홀 비어가르텐 군중들 앞에서 연설을 이어 나갔다. 아마도 술의 힘을 빌려 군중을 선동하기 쉬웠기에 맥주홀을 연설 무대로 삼았을 것이다.

히틀러와 맥주에 대한 이야기는 역사적 맥락에서 흥미로운 에피소드로 다뤄진다. 이와 관련된 사건들은 나치즘의 발흥과 독일 사회에서의 맥주의 문화적 중요성을 이해하는 데 기초가 된다. 특히 히틀러의 초창기 정치 활동에서 맥주가 주요 배경으로 등장한 사례가 대표적이다.

히틀러와 맥주가 역사적으로 연결되는 가장 유명한 사건은 1923년 맥주홀 폭동*Beer Hall Putsch*이다. 독일 뮌헨의 뷔르거브로이켈러 맥주홀에서 히틀러가 나치당*NSDAP*을 이끌며 바이마르 공화국 정부를 전복하려는 쿠데타를 시도한 사건이다. 당시 히틀러와 그의 동료들은 뮌헨의 맥주홀에서 정치적 연설을 자주 했고, 이는 대중에게 메시지를 전달하는 데 중요한 공간이었다.

히틀러는 이 맥주홀에서 연설하며 약 2,000명의 지지자를 동원해 뮌헨 시내로 행진했으나, 경찰과 군의 저항으로 실패했다. 이 사건으로 히틀러는 체포되어 5년 형을 선고받았지만, 약 9개월 후에 석방되었으며, 이 기간 동안 그는 자서전 「나의 투쟁 *Mein Kampf*」을 집필했다. 뮌헨 폭동이라 칭해진 이날 쿠데타는 바로 다음 날 실패로 끝났지만, 오히려 히틀러의 입지를 확고히 할 수 있는 계기가 되었다. 이날 쿠데타에 주도적으로 참여했던 인물들은 후에 나치당에서 요직에 오르게 되었다. 뷔르거브로이켈러 맥주홀은 나치당의 주요 거점이 되었다. 뷔르거브로이켈러는 전쟁이 끝나고 뢰벤브로이 *Lowenbrau* 양조장에 인수되었다.

독일인들에게 맥주홀은 단순한 술집 그 이상의 의미다. 전쟁 패배의 아픔을 위로하고 하나임을 확인할 수 있는 교류의 장이었다.

독일에서 맥주는 단순한 음료가 아니라 중요한 사회적 상징이며, 사람들을 한데 모으는 문화적 중심이었다. 히틀러는 이 점을 잘 활용했다. 히틀러는 연설 장소로 맥주홀을 자주 선택했다. 맥주홀은 대중이 쉽게 접근할 수 있는 장소였으며, 술을 마시며 편안한 분위기에서 연설을 들을 수 있었다. 그의 선동적인 연설은 감정적으로 관객을 자극하며 정치적 지지를 얻는 데 효과적이었다.

히틀러가 권력을 장악한 후, 나치당은 맥주를 독일 민족의 정체성과 결부시키는 선전을 활용했다. 맥주는 독일 노동자 계층의 상징적인 음료로, 민족적 자부심을 고취시키는 데 이용되었다. 나치당의 초기 지지자들 중 많은 이들이 노동자 계층이었기 때문에, 맥주는 나치당의 대중적 이미지 형성에 기여했다.

흥미롭게도, 히틀러 자신은 맥주나 알코올을 즐기지 않는 편이었다. 그는 대부분 채식주의자였으며, 알코올 섭취도 극히 제한적이었다. 그의 절제된 생활 방식은 당시 나치 선전에서 '히틀러의 도덕적 청렴성'을 강조하는 데 이용되었다.

히틀러와 맥주가 얽힌 이야기는 독일 역사에서 맥주가 단순한 음료 이상의 의미를 지녔음을 보여준다. 맥주홀 폭동은 히틀러와 나치당의 초창기 실패를 상징하지만, 동시에 나치즘의 발흥을 위한 발판이 되었다. 이 사건은 히틀러의 정치적 경력에서 중요한 전환점으로 평가된다.

| 바야흐로 밀맥주 전성시대 |

오랜 세월 라거 맥주 일변도였던 대한민국 맥주 시장에서 수제 맥주 열풍과 맞물려 밀맥주의 인기가 식을 줄 모른다. 기존 페일 라거와는 확연히 구분되는 밀맥주의 매력이 더 많은 소비자의 미각을 사로잡고 있다.

밀맥주는 위트 비어 *wheat beer*, 바이스비어 *weissbier*, 바이젠 *weizen*, 윗 비어 *witbier* 등 다양한 이름으로 불린다. 밀맥주는 양조용 곡물로 밀과 보리 맥아를 사용한다. 밀은 보리보다 단백질 함량이 높아서 풍성한 거품과 탁한 외형, 부드러운 입맛을 낸다. 맥아와는 달리 밀은 밀 자체의 향이나 풍미가 작용하지 않고 바이젠 효모나 기타 첨가 재료에 의한 맛과 향이 두드러진다.

독일 밀맥주

바이스비어는 흰색 맥주라는 뜻이며 바이젠은 밀을 의미한다. 독일 바이에른주의 전통 맥주로 바이스비어, 바이젠 모두 밀맥주라는 뜻으로 사용된다.

독일의 밀맥주는 양조에 사용되는 곡물 중에서 밀의 함량이 50%를 넘어야 하고 보통 50~70% 정도 밀을 사용하고 나머지는 보리 맥아를 사용한다. 독일 맥주 대부분인 라거 맥주는 하면 발효 방식이지만, 밀맥주는 20도 내외의 온도로 상면 발효되는 맥주다.

헤페 바이젠 *hefe-weizen*이라 불리는 밀맥주는 효모를 여과하지 않은 밀맥주다. 헤페 hefe는 효모를 뜻한다. 독일 헤페 바이젠의 매력은 농익은 바나나 향과 정향 향, 상큼한 과일 향이 두드러지고 탁하고 묵직한 바디감과 청량감이다.

이러한 아로마는 바이젠 효모에서 기인하는 것으로 밀맥주 제조에 있어서 효모의 역할이 다른 어느 맥주보다 중요하다. 효모에서 나오는 유쾌한 아로마를 살려주기 위해서 보통 홉의 아로마가 약한 묵은 홉을 사용한다.

둔켈 바이스비어 Dunkel Weissbier는 그대로 해석하자면 '검은 흰 맥주'로 모순된 뜻을 갖게 된다. 하지만 바이스비어가 바이젠과 같은 뜻으로 사용되어 밀맥주를 칭하는 것으로 검은 밀맥주를 말한다. 짙게 볶은 맥아를 일부 사용하여 로스팅한 맥아의 구수함과 어두운색을 띠는 밀맥주다. 크리스털 바이젠 kristall weizen은 헤페 바이젠을 여과하여 맑고 투명하게 만든 버전의 밀맥주다.

벨기에 밀맥주

윗비어 witbier는 벨기에식 밀맥주를 말한다. Wit은 흰색 white를 의미한다. 벨기에식 밀맥주의 특징은 양조에 사용되는 곡물 중 밀의 비중이 25~70%, 그리고 나머지는 보리 맥아를 사용한다. 독일식 밀맥주와 가장 큰 차이는 고수 씨앗, 오렌지 필(껍질), 큐라소(오렌지 껍질로 만든 리큐어) 등을 넣어 독특한 맛과 향을 자랑한다.

미국 밀맥주

위트 비어 *wheat beer*는 밀맥주를 의미하는 영어표현이기도 하지만 보통 미국식 밀맥주를 의미한다. 미국식 밀맥주의 특징은 바이젠 효모를 사용하지 않고 라거, 에일 효모를 사용한다. 따라서 독일 밀맥주의 바이젠 효모에서 나오는 바나나, 정향의 아로마가 없다.

독일 밀맥주에 비해 홉의 성향이 더 강하며 밝은 외형의 상쾌한 썸머 스타일 맥주다. 30% 이상의 발아 밀을 사용하여 양조한다. 또 다른 미국 밀맥주의 특징은 라즈베리, 수박 등 과일을 첨가한 독특한 스타일이 과일 밀맥주가 있다.

14. 영국을 구한 전투기에 폭탄 대신 맥주

스핏파이어 *Spitfire* 전투기는 2차 세계대전 당시 영국과 프랑스를 독일의 침공으로부터 지켜내는 결정적인 역할을 했던 영국의 전설적인 전투기다. 2차 대전에서의 맹활약은 물론이고 세계대전이 끝난 후에도 동남아시아, 중동, 한국전쟁 등에서도 활약했다. 총 20,351기가 생산되어 영국 역사상 가장 많이 생산된 전투기다. 당대 최고인 롤스로이스 멀린 *Rolls-Royce Merlin* 엔진을 장착했고 영국 공중전에서 히틀러의 야욕을 좌절시킨 주인공 역할을 했다. 영국인들은 지금도 스핏파이어 전투기를 나라를 구한 수호신으로 여기며 자부심을 갖고 있다.

2차 대전 당시 스핏파이어 전투기 활약상 중에 흥미로운 일화가 있다. 전투기에 폭탄이 아닌 맥주를 수송한 이야기다.

영국인들의 삶에서 맥주는 빼놓을 수 없는 중요한 의미가 있다. 전쟁 중에도 예외는 아니었다. 영국군 1일 배식표에도 공식적으로 맥주가 포함되어 있었다. 물론 전시에 탄약과 식량, 의료품을 공급하기도 쉽지 않은 상황이었기에 맥주를 주기적으로 배급할 수는 없었지만, 영국인들의 맥주 사랑에 대한 일례를 보여주는 것이다.

1944년 연합군이 프랑스 노르망디 상륙작전에 성공하여 활주로를 확보하게 되었다. 영국 본 터의 맥주회사들이 장병 위로 차원에서 맥주를 보냈다. 스핏파이어 전투기에 폭탄 대신 맥주통을 장착하여 높은 하늘로 날려 보냈다. 높은 상공에 고속으로 비행하는 동안 맥주는 자연 냉각이 되었고 병사들의 고된 일상을 달래기에 충분했다.

 하지만 스핏파이어의 애국적인 비밀활동이 그리 오래가지 못했다. 영국 관세청이 탈세 혐의로 맥주회사들이 프랑스로 맥주를 보내는 것을 금지했기 때문이다. 스핏파이어의 맥주 수송은 그렇게 막을 내렸지만, 그 후에도 전투기 조종사들이 조종석에 몰래 술을 가져와 나눠 마셨다고 한다.

 영국의 에일 Ale 맥주 문화는 세계적으로 독특하고 깊은 전통을 가진 맥주 문화 중 하나로, 영국의 사회와 역사적 배경과 밀접하게 연결되어 있다. 에일은 영국 맥주의 대표적인 양조 방식으로, 특히 전통적인 양조법과 지역적 특색이 돋보인다.

 에일은 상면 발효 *Top Fermentation* 방식으로 양조되는 맥주다. 발효 과정에서 효모가 상단에서 활발히 작용하며, 비교적 높은 온도(18~24°C)에서 발효된다. 에일은 라거보다 풍부한 향미와 복잡한 맛을 가지고 있으며, 주로 진한 몰트 맛, 홉의 쌉쌀함, 과일과 카라멜 같은 풍미가 특징이다.

 영국 에일은 지역과 양조 방식에 따라 다양한 스타일로 나뉜다. 비터 *Bitter*는 약간의 쌉쌀함과 몰트의 균형이 잡힌 맥주로 오디너리 비터, 베스트 비터, 스트롱 비터 등으로 나뉜다. 풀러스 런던 프라이드*Fuller's London Pride* 등이 대표적이다. 포터*Porter*는 어두운색을 띠며, 초콜릿, 커피, 견과류 같은 풍미가 있다. 18세기 런던 노동자들 사이에서 인기 있던 노동주다. 스타우트*Stout*는 포터보다 더 강렬한 맛과 진한 색을 가진 맥주로 드라이 스타우트, 스위트 스타우트 등이 있다. 골든 에일*Golden Ale*은 비교적 신선하고 밝은색과 가벼운 맛으로, 여름철에 인기 있는 에일이다.

그 외에 오랜 시간 숙성되어 깊고 강렬한 몰트 풍미를 지닌 올드에일Old Ale, 달콤하고 몰트 중심의 맥주로 홉 맛이 덜 강조되는 스코티시 에일*Scottish Ale* 등이 대표적인 영국 스타일 에일이다.

영국의 에일은 펍*Pub* 문화와 떼려야 뗄 수 없는 관계다. 펍은 단순한 술집이 아니라, 지역 공동체의 중심으로서 사람들이 모여 대화하고 소통하는 공간이다. 영국의 펍문화를 대표하는 것이 리얼 에일, 캐스크 에일이다. 전통적인 에일은 '캐스크 컨디션드*Cask Conditioned*'로 제공되며, 자연 발효, 숙성을 통해 맥주 상태가 최적화되며 신선함과 풍미를 극대화한다.

영국의 맥주는 산업혁명을 거치고 대규모 양조장이 등장하면서 에일 생산이 체계화되었다. 철도망 확대로 다양한 지역의 에일이 전국적으로 유통되었다. 20세기에 들어서며 산업화와 라거 맥주의 인기 상승으로 에일 소비가 감소했지만, 전통적인 에일을 복원하려는 노력으로 다시 주목받게 되었다. 최근에는 미국뿐 아니라 영국에서도 크래프트 양조장이 늘어나면서 에일 문화가 새롭게 재해석되고 있다.

영국 에일은 단순한 음료가 아니라, 영국인의 정체성과 자부심을 나타냅니다. 에일은 영국의 역사, 지역적 특색, 그리고 공동체 문화를 대변하며, 오늘날에도 펍과 축제, 일상적인 식생활에서 중요한 역할을 하고 있다. 한 잔의 에일은 곧 영국 문화의 한 모금이다.

| 영국의 전투기 비어, 체코의 탱크 비어? |

　탱크 비어는 장갑차, 탱크가 아니고, 맥주 저장 탱크에서 바로 따라서 마시는 맥주를 말한다. 체코 프라하에 가면 탱크 비어를 파는 곳을 쉽게 찾을 수 있다.
　일반적인 대형 맥주의 유통방식은 다음과 같다. 양조 과정을 마친 맥주는 필터링(여과) 과정을 거쳐 맑은 맥주를 제공한다.
　그 과정에서 미세 필터를 사용하여 효모균을 걸러내어 더 이상 발효가 진행되지 않게 하기도 한다. 필터링이 끝난 맥주는 얇은 관을 통과하여 섭씨 60도 내외의 온도로 열처리 과정을 거치게 된다. 이 과정에서 맥주 안에 남아있는 효모균을 죽인다. 열처리 멸균을 통해서 더 이상 발효가 진행되지 않고 맛과 품질이 일정하게 유지된다. 이렇게 완성된 맥주를 병, 캔, 페트병, 케그(생맥주 통)에 담아서 유통한다.

이렇게 패키징을 끝낸 맥주는 맥주 공장 창고에서 상온으로 보관한다. 주류 도매상, 물류센터 등에서 주문이 들어오면 일반 트럭에 실려 운송된다.

주류 도매상이나 물류센터에서 상온 창고에 보관되는 맥주는 음식점, 펍, 소매점에서 주문이 들어오면 다시 일반 트럭에 실려 운송된다.

최종 소비지에 도착한 맥주는 다시 상온에 보관되며 필요시에 냉장고로 들어가거나 냉각기를 통과하여 순간 냉각 과정을 거친다. 반면 탱크 비어는 양조장에서 양조를 마친 맥주를 여과하거나 열처리하지 않는다. 음식점이나 펍에서 양조장으로 맥주를 주문하면 비열처리, 비여과 맥주를 병이나 캔, 케그 통에 옮겨 담는 대신에 운반 가능한 저장 탱크에 옮겨 담는다.

그 탱크 그대로 냉장 트럭을 이용하여 레스토랑으로 운반한다. 레스토랑에서는 그 탱크가 도착하자마자 그대로 냉각장치에 연결한다.

맥주가 완성된 순간부터 소비자가 마시는 순간까지 단 한 번도 상온이나 고온에 노출되지 않는다. 창고에서 오랜 기간 보관되지 않는다. 제조부터 소비까지 냉장 상태를 유지하여 마치 양조장에서 바로 마시는 맥주 같은 신선함을 생명으로 하는 맥주 유통방식이다.

단 한 번도 상온에 노출되지 않을 뿐만 아니라 유통 과정도 제조장에서 소비장으로 아주 짧고 단순하다. 또한 그 맛의 비결은 독특한 탱크 구조와 펌핑 방식에 달려 있다. 이동식 금속 탱크 내부에 1회용 두꺼운 PE 재질의 내압백이 들어가고 그 안에 맥주를 주입한다. 맥주를 따를 때는 컴프레서로 탱크 내부에 고압의 공기를 주입하고, 그 공기가 내압백을 쥐어짜듯이 맥주를 밀어낸다. 탄산이나 산소와 맥주의 접촉이 없이 맥주를 펌핑할 수 있다. 산화취도, 과한 탄산의 문제도 없다. 세척 과정에서 혹시 발생할 수 있는 것이 세제 잔여물 오염도 원천적으로 발생하지 않는다.

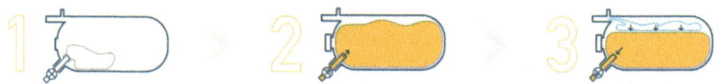

탱크비어 원리 (출처 tankbeer.com)

탱크 비어는 맥주의 상표가 아니다. 맥주 브랜드마다 탱크 비어 유통방식으로 판매하는 맥주가 있고 일반적인 병, 캔, 케그(생맥주 통)에 담아 판매하는 경우가 있다.

즉 대표적인 체코 맥주를 예로 들면 필스너 우르켈, 코젤, 크루소비체, 부드바르 맥주 등을 탱크 비어로 즐길 수 있다. 탱크 비어 방식으로 맥주를 제공하는 펍은 외부에 탱크 비어 사인이 있기도 하고 보통은 홀에서 고객들이 볼 수 있도록 탱크를 설치한다.

프라하 시내를 구경하면서 맥줏집을 지나갈 때 내부를 들여다보면 탱크 비어를 파는 곳을 쉽게 찾을 수 있다.

유럽 여행을 하다 보면 많은 사람들이 펍 밖에서 맥주를 즐기는 것을 발견할 수 있다. 특별히 안주와 같이 맥주를 마시기보다는 맥주만 사서 길거리에서 즐기는 경우가 많다. 유럽 현지에서 현지인들처럼 맥주만 사서 길에서 마시는 것도 새로운 경험이 될 것이다.

15. 영국 맥주의 자존심 리얼 에일

영국인들의 일상에서 맥주를 빼놓을 수가 없다. 특히 그들의 에일 사랑은 남다르다. 오늘날 우리가 어디서나 즐길 수 있는 공장에서 양산된 에일 맥주가 아니라 전통적인 방식을 철저하게 고수하고 있는 에일이 있다. 영국 전통 방식의 캐스크 컨디션드 에일 *Cask Conditioned Ale*이 리얼 에일*Real Ale*이라 불리며 영국 맥주의 자존심을 지켜주고 있다.

리얼 에일은 맥주 양조장에서 미완성 상태로 캐스크*cask*(술 숙성 보관용 통, 나무, 스테인리스)에 담겨진 후 펍으로 떠난다. 펍에 도착한 캐스크는 펍 지하의 저장고인 셀러Cellar에서 2차 발효와 숙성과정을 거친다. 1차 발효 과정에서 소모되지 않은 당분이 열처리하지 않아 살아있는 효모에 의해 2차 발효가 진행된다. 그 과정에서 자연 탄산화 과정을 거치게 된다.

리얼 에일은 맥주가 소비자에게 전달되기까지 오랜 시간이 걸리고 매우 까다로운 과정을 거친다. 단순히 '저장고에서 저온으로 보관하면 되겠지'하는 생각은 큰 오산이다. 맥주 장인들의 예술에 가까운 섬세하고 정교한 손길이 필요하다.

별도의 필터링을 거치지 않은 탁한 맥주를 맑게 즐길 수 있도록 철갑상어 부레로 만든 부레풀을 이용하여 찌꺼기를 응고 침전시킨다. 캐스크에서 숙성되고 있는 맥주를 매일 확인하며 탄산압을 조정하고 투명도, 맛, 향을 점검한다.

맥주가 최적의 상태가 되었을 때 핸드 펌프*Hand Pump* (또는 *beer engine, handpull*이라고도 함)를 이용하여 따른다. 펌프 손잡이를 몇 번 당겼다 놓았다를 반복하여 캐스크 안의 맥주를 끌어올린다. 일반 맥줏집의 맥주는 케그keg (완성된 맥주를 담는 밀봉된 스테인리스 맥주통)에 탄산가스를 연결하여 맥주 탭을 당기면 탄산이 자동으로 통 안으로 주입되어 맥주를 밀어내서 따르는 방식이다.

리얼 에일은 맥주 제조 과정에서 인위적인 탄산 작업을 하지 않는다. 맥주를 따를 때도 탄산가스를 이용하지 않는다. 따라서 일반적인 공장 맥주들에 비해 탄산감이 낮다. 강하지 않은 탄산감이 리얼 에일 맥주의 매력 중 하나다.

리얼 에일을 따를 때 고압의 탄산가스를 이용하는 대신에 전통적인 수동 펌프를 이용하기 때문에 캐스크의 빈 공간에 공기가 들어간다. 공기 중 산소 때문에 맥주의 산화가 시작된다. 따라서 리얼 에일은 캐스크를 오픈하고 24시간 이내에 모두 소비해야 한다.

리얼 에일의 서빙 온도는 13° 내외로 우리나라 맥주 소비자들에겐 상상조차 하기 어려울 정도로 미지근한 온도다. 리얼 에일의 오묘하고 섬세한 맛과 향을 가장 잘 느낄 수 있는 온도는 에일이 숙성될 때 온도다.

대규모 양조장에서 만든 공산품 같은 맥주와 리얼 에일의 차이는 어디서 나올까? 미지근한 온도와 낮은 탄산압이 맥아와 홉의 캐릭터, 발효 과정에서 효모가 만들어내는 아로마, 캐스크에서 숙성을 거치는 맛과 향의 밸런스를 살려내기 때문이다.

사라져 가던 영국 에일의 자존심을 살릴 수 있었던 것은 1971년 시작한 캄라 CAMRA 운동 덕분이다. CAMRA *Campaign for Real Ale*는 1971년 영국에서 시작된 맥주 소비자 운동으로, 전통적인 리얼 에일과 영국의 펍 문화를 보존하고 장려하기 위해 설립되었다. CAMRA는 전 세계적으로 가장 성공적인 소비자 보호 운동 중 하나로 평가되며, 영국 맥주 문화의 부흥에 크게 기여했다.

20세기 중반, 대형 양조업체들이 생산비 절감과 유통 편의를 위해 전통적 에일 양조 방식을 포기하고, 대량 생산된 필터 맥주나 라거를 주력 제품으로 삼았다. 이는 전통적인 리얼 에일의 맛과 품질을 떨어뜨렸다. 산업화와 도시화로 인해 지역 펍의 숫자가 감소하고, 대형 체인 펍이 등장하면서 고유의 지역색을 가진 전통 펍이 위기에 처했다. 대량 생산된 강압탄산 맥주가 점점 시장을 장악하면서, 리얼 에일은 사라질 위기에 처했다.

CAMRA의 주요 목표는 전통 방식으로 양조 서빙되는 리얼 에일의 생산과 소비를 장려하는 것이다. 리얼 에일의 정의를 명확히 하고, 소비자들에게 품질 기준을 알린다. 지역 사회의 중심지 역할을 하는 전통 펍을 보호하기 위해 노력한다. 펍 폐쇄를 막기 위한 캠

페인과 정책을 제안하고 맥주 소비자 권익을 옹호한다. 소비자가 고품질의 맥주를 합리적인 가격에 즐길 수 있도록 지원한다. 맥주 세금 인하와 대형 기업의 시장 독점 방지를 주장한다. 리얼 에일과 펍 문화를 영국 문화의 중요한 일부로 보존하고자 노력한다.

CAMRA는 리얼 에일의 정의와 기준을 명확히 하고, 인증받은 맥주와 펍을 'CAMRA 인증'으로 홍보한다. 캐스크 에일의 품질을 평가하고 소비자에게 추천한다. 맥주와 펍 가이드를 발간한다. 매년 발간되는 *Good Beer Guide*는 영국 내 최고의 펍과 리얼 에일을 소개하는 권위 있는 가이드북이다.

또한 CAMRA는 영국 전역에서 수많은 맥주 축제를 주최한다. 대표적인 행사로 *Great British Beer Festival (GBBF)*가 있으며, 이 축제는 세계 최대 규모의 맥주 축제 중 하나다. CAMRA는 정부와 대기업을 대상으로 맥주 소비자와 지역 펍의 권익을 대변한다. 맥주 세금(맥주관세)의 인하, 지역 펍의 보존, 독립 양조업체 지원 등을 주장한다. 지역 펍이 폐쇄 위기에 처했을 때, 지역 주민들과 협력하여 펍을 구입하거나 공공 자산으로 전환하는 데 도움을 준다.

CAMRA는 리얼 에일을 대중화하고, 영국 전역에서 리얼 에일을 찾을 수 있도록 했다. 오늘날 리얼 에일은 영국 맥주 시장의 중요한 부분으로 자리 잡았다. CAMRA는 펍 폐쇄를 줄이고, 지역 사회 중심으로서의 펍의 중요성을 강조했다. CAMRA의 노력으로 많은 독립 양조업체가 생존하고 번영할 수 있었다. 크래프트 맥주 운동과의 연계로 맥주 산업의 다양성을 확장했다.

최근 CAMRA는 크래프트 맥주와의 관계를 재조명하며, 전통적인 리얼 에일뿐만 아니라 다양한 맥주 스타일을 포용하려는 움직임을 보이고 있다. 하지만 CAMRA의 핵심 가치는 여전히 리얼 에일과 펍 문화의 보호에 중점을 두고 있다.

CAMRA는 단순한 소비자 단체를 넘어, 영국 맥주 문화의 상징이자 수호자로 자리 잡았다. 리얼 에일과 펍 문화를 보호하려는 그들의 노력은 영국 사회와 맥주 애호가들에게 큰 영향을 미쳤으며, 오늘날 영국 맥주 산업의 다양성과 품질 유지에 중요한 역할을 하고 있다.

다음에 영국으로 여행을 떠나면 영국 맥주의 자존심 리얼 에일을 느껴보는 것은 어떨까?

| 물 타지 않은 맥주? |

맥주의 주성분은 맥아가 아니라 물이다. 맥주의 주성분 중 90~95%가 물이다. 그렇다면 물을 넣지 않고 맥주를 만드는 것은 불가능하다. 다만 물 타지 않은 맥주는 양조가 끝난 후에 물을 첨가했는가 아닌가의 여부를 말한다.

오리지널 그래비티 *Original Gravity* 공법으로 만들어진 맥주는 발효 숙성이 끝난 맥주 원액의 알코올 함량이 맥주 제품의 알코올 함량과 동일하게 제조된다. 판매되는 제품의 알코올 도수가 4.5˚라면 저장 탱크 안 맥주 원액의 도수도 동일하게 4.5°다.

반면에 하이 그래비티 *High Gravity* 공법으로 만들어진 맥주는 발효 숙성이 끝난 맥주 원액의 알코올 도수가 6~7° 정도다. 제품으로 출시할 때 탄산수로 희석하여 4~5°의 제품을 패키징한다.

오리지널 그래비티 공법으로 만든 맥주를 패키징할 때는 별도의 희석수를 섞지 않기 때문에 물 타지 않은 맥주라고 홍보에 활용한 것이다.

맥주의 맛과 품질을 이야기할 때 단골처럼 등장하는 것이 올 몰트 *all malt* 맥주다. 맥주를 제조할 때 사용되는 곡물로 100% 보리 맥아를 사용했는가 아닌가에 대한 이야기다. 독일의 대부분 라거는 보리 맥아 100%의 올 몰트 맥주다.

반면에 미국 라거들이나 세계적으로 다양하게 생산되는 미국식 라거들은 보리 맥아 외에 옥수수 전분, 쌀 등 부가 곡물을 사용한다. 좀 더 부드러운 입맛을 위한 목적이기도 하지만 옥수수나 쌀의 가격이 보리 맥아에 비해 상당히 저렴하기 때문에 생산 원가를 낮추기 위한 목적도 부정할 수 없다.

16. 우유 배달원이 살려낸 벨기에 밀맥주

벨기에 밀맥주는 부드럽고 독특한 향미로 전 세계 맥주 애호가들에게 사랑받는 맥주다. 흔히 윗비어 *Witbier*로 알려져 있으며, 독특한 역사와 전통을 바탕으로 발전해 왔으며, 독창적인 재료와 양조 방식으로 유명하다.

벨기에 밀맥주는 중세 시대 벨기에의 브라반트 *Brabant* 지역에서 시작되었다. 당시에는 홉보다 다양한 향신료와 허브(허브 혼합물인 그루트 *gruit*를 사용해 맥주를 양조했다. 이 지역에서는 보리 대신 밀을 주요 원료로 사용하는 방식이 널리 퍼졌다. 밀은 맥주에 부드럽고 상쾌한 특성을 부여하며, 다른 지역 맥주와 차별화되었다. 20세기 초, 라거 스타일 맥주의 인기가 높아지면서 벨기에 밀맥주는 쇠퇴했다. 1950년대에는 생산하는 양조장이 거의 사라질 정도로 밀맥주가 잊혀졌다. 1966년, 피에르 셀리스는 벨기에의 호가든 *Hoegaarden* 마을에서 전통 밀맥주를 부활시켰다.

　셀리스는 코리앤더와 오렌지 껍질을 사용해 독특한 풍미를 강조하며 현대 벨기에 밀맥주의 기틀을 마련했다. 기본적으로 보리 맥아와 밀을 혼합하여 만든다. 그 외에 오렌지 껍질(주로 큐라소 오렌지)과 코리앤더를 추가해 독특한 향과 풍미를 더한다. 은은한 오렌지와 코리앤더의 향과 함께, 약간의 허브와 스파이스 노트가 느껴진다. 홉의 쓴맛은 거의 없으며, 단맛과 산뜻한 산미가 조화를 이룬다. 여과되지 않아 탁한 외관을 가지며, 연한 황금빛에서 밝은 노란색을 띤다. 풍부하고 크리미한 거품이 특징이다. 탄산이 풍부하며, 입안에서 기분 좋은 청량감을 준다. 가볍게 즐기기에 적합하며, 여름철 인기 있는 맥주 스타일이다.

　호가든과 같은 브랜드의 성공으로 벨기에 밀맥주는 전 세계적으로 사랑받는 스타일이 되었다. 미국과 유럽의 많은 크래프트 브루어리들이 벨기에 밀맥주를 양조하고 있다. 벨기에 밀맥주는 부드럽고 상쾌한 맛으로 다양한 음식과 잘 어울린다. 해산물, 샐러드, 가벼운 치즈, 닭고기 요리 등과 궁합이 뛰어나다.

벨기에 밀맥주는 역사적 뿌리와 독창적인 양조 방식을 바탕으로 현대 맥주 시장에서 독보적인 위치를 차지하고 있다. 부드럽고 상쾌한 맛과 독특한 향미로 인해 여름철뿐만 아니라 전 세계 맥주 애호가들에게 꾸준히 사랑받는 스타일이다.

벨기에는 가히 세계 맥주의 천국이라 하기에 손색없을 정도로 다양한 맥주를 생산한다. 그중에서도 벨기에 하면 떠오르는 스타일 중 하나가 바로 벨지언 윗*Belgian Wit* 밀맥주다. 벨기에 밀맥주와 독일 바이에른 밀백주를 구분 짓는 가장 큰 차이는 무엇일까? 벨기에 밀맥주는 오렌지 껍질과 코리앤더(고수) 씨앗에서 나오는 상큼함이 독일식 밀맥주의 바나나, 정향 아로마와 구분되는 큰 특징이다.

벨기에 밀맥주는 중부 브라방의 작은 마을 호가든에서 기인한다. 1400년대 켈트족이 정착하며 맥주 양조를 시작했고 1800년대에 30여 개의 양조장에서 밀맥주를 양조했다. 그러나 1950년대 중반에 이르러 밀맥주를 만들던 30여 개의 모든 양조장들이 문을 닫았다. 2차 대전으로 인한 폐허, 산업 쇠퇴, 페일 에일과 필스너 인기 등 여러 가지 요인으로 호가든 지역의 밀맥주는 고전을 면치 못했다.

이렇게 맥이 끊긴 호가든 지역의 밀맥주는 당시 우유 배달원이었던 피에르 셀리스*Pierre Celis*에 의해 다시 부활하게 되었다. 1966년 자기 고장의 자랑이었던 밀맥주가 사라지는 것을 안타까워한 피에르 셀리스는 폐양조장에서 설비를 구입하고 농가 건물에서 호가든 밀맥주를 생산하기 시작했다.

　피에르 셀리스 덕분에 벨기에 밀맥주는 다시 부흥기를 맞게 되고 벨기에 전역, 프랑스, 네덜란드에서도 호가든 스타일의 밀맥주가 나오기 시작했다. 호가든 규모가 커지면서 셀리스는 재정적 어려움을 이기지 못하고 호가든을 인터브루*Interbrew*에 매각하고 미국으로 건너가 다시 벨기에 밀맥주 생산에 주력했다.

　미국 텍사스 오스틴에서 셀리스 화이트*Celis White*를 출시했다. 벨기에에서 만들던 호가든을 모델로 만든 셀리스 화이트는 미국에서 큰 인기를 끌었다.

　호가든, 셀리스 화이트 같은 벨기에 밀맥주는 여름철 갈증 해소와 디저트용 맥주로 제격이다. 오렌지 껍질과 코리앤더 씨앗에서 나오는 상큼한 아로마가 벨기에 밀맥주의 큰 매력이다.

　벨기에 조그만 마을 호가든에서 우유 배달원의 밀맥주 사랑이 없었다면 벨기에 밀맥주의 매력은 역사 속으로 사라졌을지도 모를 일이다.

| 병맥주 vs 캔맥주 진검승부 |

'병맥주가 더 맛있을까? 캔맥주가 더 맛있을까?' 하는 해묵은 논쟁은 맥주 애호가들 사이에서도 의견이 분분하다. 과연 병맥주와 캔맥주 맛의 차이가 있을까? 있다면 어떤 맥주가 더 맛있을까? 차이가 있다면 왜 그럴까?

맥주 공장에서 발효, 여과, 숙성, 열처리 과정을 끝낸 동일한 맥주가 병 또는 캔 용기에 담겨 포장된다. 즉, 병맥주와 캔맥주 내용물은 100% 동일한 맥주다. 따라서 시작 단계에서 맛의 차이는 있을 수 없다.

그렇다면 왜 굳이 병맥주와 캔맥주 맛 차이에 대한 불필요하고 소모적인 논쟁이 시작되었을까? 그 논쟁의 시작은 맥주의 보관 유통에 대한 오해로부터 비롯되지 않았을까 생각된다.

 맥주의 맛과 향을 변화시키고 왜곡시키는 몇 가지 요소 중에는 자외선 빛, 열, 산소, 교차 오염 등이 있다.

 맥주의 유통, 보관, 진열 단계에서 자외선 노출 부분을 고려해보자. 맥주가 병입, 캔입 과정을 마치고 패키징이 끝나면 트럭에 실려 운송된다. 창고에 보관되고 마트의 진열대에 진열되어 판매되는 과정에서 불빛에 노출될 수밖에 없다.

 그러면 병과 캔의 자외선 차단율은 어떨까? 대부분의 맥주병은 갈색이다. 그 이유는 갈색의 자외선 차단율이 가장 높기 때문이다. 대략 98~99%의 자외선을 차단한다. 맥주 캔은 자외선 차단율이 100%다. 원천적으로 빛이 들어갈 수 없다. 그렇다면 자외선에 의해 발생하는 스컹크 냄새 같은 이취 부분에서 보면 캔맥주가 병맥

교차 오염에 의한 맥주 맛과 향의 변질을 살펴보자. 맥주병은 보통 7~8회 정도 재사용된다. 수거한 공병을 세척하여 다시 사용한다. 하지만 맥주캔은 재사용할 수 없다. 알루미늄 재료 자체를 다시 녹여서 재활용 *re-cycle*은 가능하지만, 재사용 *re-use*은 불가능하다. 그렇다면 수거된 공병의 오염 정도나 세척 과정의 문제로 세제 잔류물이 남을 수도 있다. 물론 현실적으로 가능성은 매우 희박하다.

하지만 캔맥주는 매번 새로운 캔을 사용하기 때문에 그런 문제를 원천적으로 차단할 수 있다. 이러한 측면에서 고려해도 캔맥주가 병맥주에 비해 더 품질 관리에 유리하다.

캔맥주를 선호하는 이들은 병맥주 뚜껑이 녹슬어 오염될 수 있다고 주장합니다. 병맥주를 선호하는 이들은 캔맥주의 알루미늄과 맥주가 반응하여 맛이 변할 수 있다고 주장한다. 하지만 이 두 가지 경우 모두 걱정할 필요가 없다.

이미 1935년부터 캔 내부가 코팅되어 생산되고 병뚜껑도 마찬가지로 내부가 코팅되어 봉합된다. 따라서 맥주가 금속과 접촉해서 녹슬거나 화학 반응을 일으킬 확률은 거의 없다. 이 부분은 캔맥주와 병맥주가 동일하다.

 문제는 병맥주나 캔맥주를 잔에 따르지 않고 직접 용기에 입을 대고 마시는 것이다. 이때 병 입구 주변이나 캔 입구 주변의 오염이나 냄새 때문에 맥주 냄새가 다르다고 느낄 수도 있다.
 하지만 일반 소비자들이 진짜로 병맥주와 캔맥주 맛이 다르다고 느낄 수 있을까? 같은 맥주를 같은 온도, 같은 잔에 따라서 블라인드 테스트해보면 그 차이를 느낄 수 있을까?
 사실 맛과 향의 차이를 느낄 수 없으며 그 차이가 존재하지도 않는다. 어찌 되었든 승패를 가리자면 캔맥주가 병맥주보다는 품질이 저하될 확률이 낮다. 따라서 캔맥주가 승자다. 그렇다면 맥주의 맛과 향을 떠나서 캔맥주의 다른 장점들이 있을까?
 병 무게와 캔 무게는 비교가 안 된다. 캔맥주가 유통, 보관, 이동에 훨씬 용이하다. 캔맥주 유통이 병맥주에 비해 운송하는 차량의 에너지 절약 효과도 있다.

가정에서 냉장고에 보관 시, 캠핑 등 야외 휴대성 측면에서도 캔맥주가 훨씬 더 편리하다. 이동, 휴대 시에 떨어트렸을 때도 캔맥주 파손 위험이 훨씬 더 적다.

  그 외에 편리성 측면에서 보면 병맥주는 병따개가 있거나 아니면 다른 도구를 사용해서 기지를 발휘해야 한다. 하지만 캔맥주는 아무런 도구 없이 누구라도 쉽게 오픈할 수 있다. 미지근한 맥주를 빨리 차갑게 해야 할 때 캔맥주가 병맥주보다 훨씬 더 유리하다. 맥주를 빨리 차게 만들기 위해서 냉동에 넣었다가 깜빡했을 때 뒤처리를 생각해 보면 깨진 병맥주 치우는 것은 골칫거리고 위험하기까지 하다.

  그렇다면 사실상 캔맥주의 완승이라 해도 과언이 아니다. 캔맥주를 선호하든 병맥주를 선호하든 소비자의 개인 취향이다. 하지만 맥주를 제대로 즐기기 위해서는 반드시 유리잔이나 도자기 머그잔에 맥주를 따라서 즐기는 것이 바람직하다. 직접 용기에 입을 대고 마시거나 종이컵에 맥주를 따라 마시는 것은 맥주 맛을 왜곡시키는 좋지 않은 방법이다.

17. 백악관에서 맥주를 양조한 대통령

역대 미국 대통령 중에 맥주를 좋아했거나 실제로 맥주를 만들었던 이들이 있다.

미국 건국의 아버지라 불리는 조지 워싱턴, 토머스 제퍼슨, 존 애덤스는 맥주 양조를 했던 홈 브루어들이었다. 조지 워싱턴은 임기 후에 자가소비 목적으로 위스키 증류와 맥주 양조를 했다. 토머스 제퍼슨 역시 자가소비용 양조장에서 맥주를 양조했다.

벤저민 프랭클린은 "맥주는 신이 우리를 사랑하고, 우리가 행복하기를 원한다는 증거다."라고 말할 정도로 맥주 사랑이 남달랐다.

프랭클린 루즈벨트 대통령은 1933년 13년간 발효되었던 금주령을 철회하는 수정헌법에 서명하여 맥주를 다시 미국 시민들에게 돌려주었다.

1979 지미 카터 대통령은 판매 목적이 아닌 가정용 소비 목적의 맥주 양조를 허용함으로써 미국 크래프트 비어 문화의 출발점을 열어주었다.

　버락 오바마 대통령은 미국 최초의 흑인 대통령이며 백악관에서 맥주를 양조한 최초의 대통령이다. 버락 오바마 대통령은 맥주를 좋아하는 것으로 유명하다. 그의 맥주 사랑은 여러 가지 방식으로 드러났는데, 특히 대통령 재임 중 '화이트 하우스 양조장 *White House Brewery*'을 설립한 것이 주목받았다. 이는 미국 역사상 처음으로 백악관에서 맥주를 양조한 사례다. 양조에 필요한 장비와 재료 비용 모두 대통령의 사비로 지불 되었다고 한다. '허니 에일 *Honey Ale*'과 '허니 포터 *Honey Porter*' 같은 맥주는 백악관의 벌집에서 직접 채취한 꿀을 사용해 만들어졌다.

　오바마 대통령은 맥주를 외교와 소통의 수단으로도 활용했다. 2009년, 그는 '맥주 정상회담 *Beer Summit*'을 열어 인종 문제와 관련된 긴장을 완화하려 했다. 하버드 교수 헨리 루이스 게이츠 주니어와 그를 체포한 경찰관을 초청해 맥주를 함께 마시며 대화를 나눈 일화다.

오바마 당시 대통령 후보는 선거 유세 중 다양한 지역 맥주를 시음하며 미국 내 소규모 양조업계를 지지했다. 2012년, 대중의 요청에 따라 백악관 맥주 제조법을 공개했다. 맥주 제조법은 지역 양조자로부터 제공 받았으며 화이트 하우스 허니 에일 제조법은 백악관 블로그를 통해 공개되어 누구라도 같은 레시피로 맥주를 만들 수 있다.

오바마 대통령의 맥주 사랑과 서민적인 이미지가 부합되어 국민들에게 더 편하게 한 걸음 다가가는 대통령으로 이미지를 심어주는 중요한 역할을 하기도 했다. 오바마 대통령의 맥주 사랑은 단순한 취향을 넘어, 미국 문화와 지역 경제를 지지하고, 사람들과 소통하는 친근한 이미지를 강화하는 데 기여했다.

백악관에서 공개한 레시피를 바탕으로 한 가정용 양조 레시피는 아래와 같다.

화이트 하우스 허니 에일 레시피

재료 (약 5갤런/19리터 배치 기준)
엑스트랙트 몰트
라이트 드라이 몰트 추출물(Dry Light Malt Extract): 6.6 파운드(약 3kg)
스페셜티 몰트 (곡물)
크리스탈 몰트(20L): 1파운드(약 450g)
비스킷 몰트(Biscuit Malt): 1파운드(약 450g)
홉
Kent Goldings 홉(아로마 홉): 1.5온스(약 42g)
Fuggle 홉(비터 홉): 0.5온스(약 14g)
꿀
꿀(Honey): 1파운드(약 450g)
효모
드라이 맥주 효모(Dry Ale Yeast) 또는 리퀴드 에일 효모 (추천: Safale US-05)
첨가물
프라이밍 설탕(병입 시 탄산화용): 약 3/4컵(약 150g)

도구

발효조(Primary Fermenter)

병입용 장비(Bottling Equipment)

양조용 냄비(5갤런 이상 용량)

양조 방법

몰트 및 곡물 준비

크리스탈 몰트와 비스킷 몰트를 물에 담가 30분간 155°F(68°C)로 유지

곡물을 제거한 후, 물을 끓이기 시작

엑스트랙트 몰트와 홉 추가

물이 끓으면 라이트 드라이 몰트를 추가하고 잘 섞음

Kent Goldings 홉을 추가하여 45분간 끓임

마지막 15분 동안 Fuggle 홉과 꿀 추가

냉각 및 발효 준비

끓인 맥즙을 차가운 물로 식혀 약 70°F(21°C)로 온도를 낮춤

발효조에 맥즙을 옮기고 효모를 추가합니다.

발효

발효조를 밀봉하고 68°F~72°F(20°C~22°C)의 안정적인 온도에서 1~2주 동안 1차 발효 진행

병입 및 탄산화

1차 발효가 완료되면 프라이밍 설탕을 섞은 맥주를 병입

병을 밀봉한 후, 2~3주간 상온에서 탄산화 과정 진행

시음

병입 후, 맥주를 냉장고에서 차갑게 식힌 뒤 즐긴다.

추가 팁

꿀의 종류에 따라 맥주의 향과 맛이 달라질 수 있다. 원하는 취향의 꿀을 선택한다.

이 레시피는 간단한 홈브루잉 키트로도 구현할 수 있으며, 초보자도 도전하기에 적합하다.

WHITE HOUSE HONEY ALE

| ABV | 5.25 | SRM | 10 | IBU | 29 | OG | 1.056 |

HOPS	Goldings, Fuggle
SPECIALTY GRAINS	Crystal 60, Caramel 20L
DRY MALT EXTRACT	Pilsen
YEAST	US-05

| 맥주와 요리 마리아주 |

  술과 안주의 궁합, 마리아주, 푸드 페어링하면 주로 와인과 요리의 조화를 떠올리기 쉽다. 하지만 맥주와 요리의 궁합은 다른 술과 요리의 페어링보다 훨씬 더 정교하다.
  맥주 스타일 별 특징이 있고 그 특성과 잘 어울리는 요리의 특징이 있다. 어떤 맥주와 어떤 요리가 잘 어울리는지 리스트를 외울

필요가 없다. 맥주의 스타일과 푸드 페어링의 원리를 이해하면 언제 어디서도 쉽게 비어 푸드 페어링*Beer-Food Pairing*을 찾을 수 있다.

물론 맥주와 요리의 페어링의 '정답'은 없다. 자신의 입맛에 맞는 조합이 비어-푸드 페어링의 정답이다. 하지만 어떤 음식과 어떤 맥주가 가지고 있는 특성들이 만나서 자신이 좋아하는 특성을 더 살려주고, 아니면 원치 않는 풍미를 상쇄시켜 줄 수도 있다. 기본적인 페어링에 대한 이해를 가지고 요리와 맥주의 궁합을 찾아본다면 더욱더 맥주를 즐겁게 음미할 수 있다.

비어-푸드 페어링을 생각할 때, 우선 고려해야 할 것이 있다. 술자리의 메인이 맥주인가, 아니면 요리인가를 먼저 생각해 봐야 한다. 요리가 메인이라면 요리가 가지고 있는 미묘한 맛과 향을 더 살려줄 수 있는 페어링을 고려해야 한다. 맥주가 메인이라면 맥주의 맛과 향을 더욱 살려주고, 맥주의 풍미를 덮어버리지 않을 페어링을 고려해야 한다.

맛과 향이 강한 맥주는 맛과 향이 강한 요리와 페어링을 하면 좋다. 서로 상반된 성향을 가진 맥주와 요리를 페어링하여 튀는 특성을 상쇄 하여 조화를 이룰 수 있다. 비슷한 맛과 향의 페어링을 통해 풍미를 더욱 깊게 해 줄 수 있는 조합을 고려할 수도 있다.

기본적인 페어링의 원리를 이해하기 위해서 맥주가 가지고 있는 다음 성향을 이해해야 한다.

쓴맛 : 맥주의 쓴맛은 3가지에서 기인한다. 알코올, 홉, 짙게 볶은 맥아 3가지에 각기 다른 쓴맛을 낸다. 특히 홉에서 기인하는

이소알파산의 쓴맛은 IBU *International Bitterness Units* 수치로 표기한다. IBU 수치는 일반적으로 0~120의 범주에서 표기하며 숫자가 커질수록 쓴맛이 강해진다.

PALE LAGER
Soft malt taste | Light body | Dry finish | Best for new to craft beers | Bitterness 20-40 units

BLONDE ALE
Mild malt sweetness | Low bitterness | Light body Dry finish | Great for beginners too Bitterness 20-30 units

PALE ALE / INDIAN PALE ALE
Strikes balance between malt and hops | Medium to dry finish | Much higher bitterness, take note! Bitterness 50-100 units

AMBER ALE
Well-balanced hops & malt | Caramel richness Medium body | Bitterness 20-60 units

RED ALE
Toasted malt | Medium sweet caramel flavour Dry finish | Bitterness 50-100 units

BROWN ALE
Mid to High malt character | Low hops | Caramel Chocolate | Toffee | Nuts | Biscuit flavours Medium dry finish | Bitterness 20-60 units

PORTER
Roasted malt taste with notes of chocolate Medium dry finish | Dark color | Little fizz Not recommend for beginners | Bitterness 30-60 units

STOUT
Strong roasted malt taste & coffee | Chocolate Caramel flavours | Dark color | Little fizz New to craft? Try the lighter colors first | Bitterness 30-60 units

페일 에일, IPA, 스타우트 맥주 등의 쓴맛은 기름진 음식의 느끼함을 상쇄해 주고, 간이 강한 음식의 짠맛을 완화해 준다. 음식의 양념이나 향신료의 향이나 매운맛과의 조화를 이룬다.

단맛 : 브라운 에일, 밀크 스타우트, 크릭, 프룻 비어 등의 연한 단맛은 완전히 발효가 끝나지 않고 남은 맥아즙의 잔당이나 발효 후에 첨가된 설탕, 시럽 등에서 나온다. 맥주의 단맛은 함께 하는 요리의 쓴맛, 매운맛, 신맛을 완화시켜주며 조화를 이룬다. 단 음식과 함께하면 단맛을 증폭시켜 더욱 감미롭게 해준다.

신맛 : 람빅, 사워 에일 등에서 나는 맥주의 새콤함은 참 매력적이다. 이런 맥주의 새콤함은 요리의 단맛과 기름진 요리의 느끼함을 상쇄해 주고, 새콤한 요리의 새콤함을 더해준다. 사워 비어는 호불호가 명확하게 갈리지만, 일단 그 매력에 빠지면 쉽게 빠져나올 수 없다.

탄산 : 필스너, 헤페 바이젠 맥주 등의 경쾌한 탄산감은 요리가 가지고 있는 향을 증폭해 주고, 매운 음식과 함께할 때 입안에 남아있는 매운 열을 식혀준다. 느끼하거나 비린 음식과 함께할 때 입안을 헹궈주며 상쾌함을 남겨 준다.

알코올 : 맥주와 요리의 페어링에 있어서 알코올은 음식의 미각을 전반적으로 증폭시켜주는 매우 중요한 역할을 한다. 복, 도펠복, IPA, 벨지언 스트롱 에일 등 알코올 함량이 높은 맥주는 미각을 증폭시켜 함께하는 음식의 맛을 더욱 잘 느낄 수 있게 해 주며, 특히 기름진 음식과 페어링에서 느끼함을 상쇄해 준다.

그 외에 포터, 스타우트 맥주 등의 짙게 볶은 몰트에서 나오는 커피, 초콜릿, 로스트 향은 비슷한 향은 초콜릿, 브라우니, 훈제 요리 등과 조화를 이루며 그 맛과 향을 증폭시켜 준다. 또한, 홉이나 효모에서 나오는 과일, 허브 등의 다양한 아로마 역시 요리의 비슷한 성향과 조화를 이루며 맛과 향을 너 깊게 해 주거나, 상쇄시키는 역할을 할 수 있다.

에서도 언급한 바와 같이 요리와 맥주를 페어링하는 데 정답은 없다. 다양한 시도를 통하여 자신의 입맛에 맞는 조합을 찾으면 그것이 바로 비어-푸드 페어링이 된다. 하지만, 맥주와 음식의 성향들을 조금 더 이해하고 조합을 찾아보면 더 멋진 페어링을 만들어 낼 수 있다.

18. 국산 맥주가 정말 대동강 맥주보다 맛없다?

　한 외신기자가 국산 맥주는 북한의 대동강 맥주보다 맛이 없다는 기사를 쓰면서 우리나라 맥주 시장이 한번 떠들썩했던 적이 있다. 그 후 지속적으로 국내는 물론이고 외신에서도 북한 맥주와 국산 맥주에 관한 비교 기사를 종종 다루고 있다. 정말 국산 맥주가 대동강 맥주보다 맛이 없을까?

　북한의 대동강 맥주는 1번~7번까지의 병 또는 캔맥주 제품이 판매되고 있으며, 2018년부터 8번 헤페 바이젠 (밀맥주)가 탭 하우스에서 탭으로 서빙되고 있다.

　2002년 4월부터 생산된 대동강 맥주는 당시 남북 경협의 일환으로 소규모 무역업자들에 의해 국내에 수입되어 국내 맥주 전문점에서도 대동강 맥주를 마실 수 있었다. 그런데 2010년 5.24 대북제제조치로 인하여 수입이 금지되고 그 이전에 국내에 들어와 있던 물량도 완전히 소진되어 현재는 국내에서는 북한의 대동강 맥주를 마실 수 없다. 다만 중국에서 온라인으로 직구하여 호기심을 충족시키는 매니아들도 있다.

　국산 맥주에 대한 혹평도 많고 북한 맥주에 대한 호평도 많다. 하지만 맥주의 맛은 주관적이고 또한 스타일별로 다른 특성을 가지고 있기 때문에 서로 다른 스타일의 맥주를 비교하는 것은 공평하지 않다.

　예를 들어 대동강 1번 맥주는 우리나라 오비 프리미엄/클라우드/맥스올몰트처럼 100% 맥아 제품과 비교해야 하는데 대동강 1번과 카스/하이트와 비교는 공평하지 않다. 대동강 맥주도 1번 스타일은 맥아 100% 필스너 스타일의 라거지만, 2~4번은 쌀이 함유된 애드정트 스타일의 라거다. 애드정트 스타일이란 보리 맥아 이외의 쌀, 옥수수 등의 기타 곡물을 발효 당원으로 사용하여 만든 맥주로 밀러, 버드와이저는 물론이고 일본 대부분의 메이저 라거들도 쌀이 함유된 애드정트 라거 스타일이 대부분이다. 우리나라에서도 역시 100% 올 몰트 제품을 제외한 나머지 제품들은 모두 그 스타일의 맥주이다.

일부 대동강 맥주를 옹호 이들은 북한은 영국 양조 설비로 만들어서 기술력이 뛰어나다고 주장한다. 하지만 북한의 설비는 이미 영국에서 100년 넘게 사용하던 폐설비 수준으로 국산 양조장의 최신 설비와는 비교조차 불가하다. 우리나라 양조 시설은 최신식 독일 장비들이다. 독일 엔지니어들과 독일, 미국, 영국 유학파 브루마스터, SKY 출신 식품공학 박사들이 품질 관리에 주력하고 있다.

우리나라도 맥주 양조 역사가 거의 100년이 되어간다. 국산 맥주가 그동안 혹평을 받았던 것은 맥주의 품질이라기보다는 다양성의 결핍이다. 오로지 마시기 쉬운 라거 스타일의 맥주만을 생산 유통해 왔기 때문에 비판을 받은 것이다. 하지만 최근 몇 년 동안 국내 맥주 시장의 변화를 보면 정말 다양하고 선택의 폭이 넓어졌다.

우리나라에서는 1933년 처음 맥주가 생산된 이후 수십 년 동안 라거 맥주 일변도였다. 2002년 월드컵을 계기로 소규모 맥주 제조 면허가 도입되고 국내에서도 에일 맥주가 생산되기 시작했다. 새로운 맥주의 붐으로 112개까지 늘어났던 국내 소규모 양조장이 2014년에는 54개만 남고 문을 닫았다.

2014년 소규모 양조장 맥주의 외부 판매가 허용되고 과세표준이 인하되며 새로운 도약을 시도했다. 2016년 주세법 개정으로 소규모 맥주 제조자 세금 경감 구간이 확대되고, 병입 판매가 허용되었다.

2018년 다시 한번 세금 경감 구간이 확대되고 소매점 판매까지 허용되었다. 그 후 주세법 개정으로 맥주 출고가의 72% 주세를 부과하던 종가세 방식에서 2020년에 리터당 834.4원(병/캔맥주) 종량제로 전환되었다.

| 수제 맥주는 수작업으로 만든 맥주일까? |

    우리나라 맥주 시장을 이야기할 때 먼저 짚고 넘어가야 할 것이 '수제 맥주'라는 용어다. 수제 맥주라고 하면 맥주 양조자들이 직접 수작업으로 만드는 뭔가 정교하고 섬세한 맥주를 떠올릴 수 있다. 하지만 실상은 일반 대기업의 큰 맥주 공장에서 만드는 것과 크게 다른 것이 없다. 단지 양조 설비 규모의 차이가 날 뿐이다.

수제 맥주는 미국의 크래프트 비어 *craft beer* 문화가 우리나라에 들어오면서 *craft beer* 영어를 번역하는 과정에서 수제 맥주가 되어버렸다.

우리나라 주세법에는 '수제 맥주'라는 용어의 정의가 없다. 주세법의 맥주 제조 면허는 일반 주류(맥주)제조면허와 소규모 주류(맥주)제조면허로 구분된다. 소규모 주류제조면허 시설 기준은 당화/여과/자비조(전발효조) 500ℓ 이상, 담금 및 저장조(후발효조) 5천 리터~ 12만 리터 미만 규모, 간이 증류기, 주정계 포함이다. 소규모 주류제조면허를 가진 양조장에서 생산된 소규모 제조 맥주가 수제 맥주로 불리게 된 것이다. 따라서 엄밀히 말하면 '수제 맥주'는 '소규모 제조 맥주'가 정확한 표현이다. (이하 '수제 맥주'로 표기)

국내 수제 맥주 시장

국산 수제 맥주 시장 규모는 2015년 200억 원을 조금 넘던 것이 지난해 1천억 원을 돌파했다. 업계에서는 2023년에 3,700억 원을 돌파할 것으로 예측하고 있다. 편의점에서 국산 수제 맥주 매출 성장률을 보면 2019년 대비 2020에는 390%의 성장을 거두었다. (출처 : CU) 국산 맥주 소비에서 수제 맥주가 차지하는 비중을 보면 20대는 52.4%, 30대는 37.5%를 차지하고 있다. (출처 : CU) 가히 수제 맥주 열풍이라 할 수 있다.

그런데 편의점 등에서 쉽게 구할 수 있는 인기 있는 국산 수제 맥주 중 상당수는 일반 주류제조면허를 가진 대형 공장에서 만든 맥주다. 그럼 왜 이런 맥주들까지 수제 맥주라고 불리게 되었을까?

　기존에 대기업 대형 양조장에서 양산되던 라거 일변도의 맥주에서 소규모 양조장들이 에일 위주의 맥주를 생산하면서 '에일 맥주 = 수제 맥주'라는 이상한 공식 생겼기 때문이다.

　일반 주류제조면허를 가진 대형 공장에서 만든 '수제 맥주?'에 대해서는 의견이 분분하다. 하지만 소위 '이름만 수제 맥주'인 대형 양조장에서의 수제 맥주 생산도 국내 맥주 산업 발전을 위해 긍정적이라 본다. 수제 맥주 시장 규모를 양적으로, 질적으로 키워나가고 있기 때문이다. 소비자들이 다양한 스타일의 맥주를 손쉽게 접할 수 있는 편의성을 제공하며 수제 맥주 소비문화를 증진시키고 있다. 대형 시설에서 생산하여 생산 원가를 낮춰 소비자들이 접근하기 쉽게 가격 장벽을 낮추고 있다. 소규모 공장에서 가장 어려운 부분 중 하나인 일정한 품질을 유지하는 것도 긍정적으로 평가된다.

현재 우리나라는 190개가 넘는 맥주 양조장이 있다. 지역의 특색을 살려 독특한 양질의 수제 맥주를 만들어내는 양조장들도 많다. 소규모 양조장이 공생할 수 있는 길이 모색되어야 더욱 다양한 맥주 시장이 발전할 수 있다. 대형 양조장과 협업으로 대량생산을 할 수 없는 소규모 양조장은 오늘도 생존을 위해 몸부림치고 있다. 특히 코로나로 인해 여행객이 줄면서 지방의 특색 있는 양조장들은 큰 어려움을 겪고 있다.

수제 맥주 상생의 길

지역 경제도 활성화시키고 맥주 시장의 균형 있는 발전을 위해서는 진짜 소규모 제조 맥주에 한해서라도 온라인 유통을 허용해야 한다고 본다.

이미 전통주는 2017년부터 전통주 산업 육성을 온라인 유통이 허용되고 있다. 많은 선진국에서도 맥주 온라인 유통이 허용되고 있으며, 코로나로 인한 경기 침체로 위기에 몰린 소규모 양조장을 돕기 위해 규제를 완화하고 있다.

주문 단계부터 성인 본인 인증, 카드 인증을 거치고 대면 배송을 원칙으로 하여 문제를 보완할 수 있다. 수제 맥주 온라인 판매 허용이 소규모 맥주 양조장과 상생의 길을 열어줄 수 있다고 생각한다. 그렇게 길을 열어주면 성숙해지고 있는 국내 수제 맥주 시장에 한층 더 활력을 불어넣어 줄 수 있으리라 생각된다.

지역 기반의 다양한 맥주 축제를 활성화하는 것도 우리나라 맥주 시장 발전에 큰 도움이 된다. 지자체의 도움을 받아 지역 특산물을 이용한 맥주를 만들고 지역 맛집, 관광지와 연계하는 체험형 관광상품을 개발해야 한다. 그렇게 지역의 농업, 제조업, 관광업을 활성화하여 지역 경제를 살리고 고용을 창출할 수 있다.

우리가 수제 맥주라고 알고 마시던 맥주가 수제 맥주건 아니건 그게 중요한 것이 아니다. 다양하고 성숙한 맥주 문화가 자리 잡아가고 있다는 것이 긍정적으로 평가된다. 우리나라 소규모 양조장에서 만든 맥주들이 해외 맥주 대회에서 많은 쾌거를 거두고 있다.

짧은 맥주 역사에도 불구하고 우리 양조자들의 기술이 맥주 강대국에서도 인정받고 있다. 일본 맥주가 해외에서 프리미엄 맥주로 인정받고, 중국의 청도 맥주 축제가 세계적인 맥주 축제로 자리 잡아 가는 것처럼 우리의 맥주 문화와 상품도 세계로 뻗어 나가기를 기대한다. K-Beer가 세계 속의 새로운 한류 문화로 자리 잡기를 희망한다.

19. 맥주가 부족해서 탄생한 라들러

라들러*Radler* 맥주의 시작은 1920년대 독일로 거슬러 올라간다. 프란츠 쿠글러*Franz Kugler*라는 여관 주인이 '*Kugler Alm*'이라는 그의 술집으로 통하는 숲속 자전거 길을 만들었다.

1922년 6월 어느 날, 약 13,000명의 자전거 타는 사람들이 그의 매장에 방문했을 때, 맥주가 부족해지자 레몬 소다와 맥주를 1:1 비율로 섞어서 판매했다. 그런데 손님들의 반응은 폭발적이었다.

그때부터, 쿠글러는 그가 라들러매스 *Radlermass*('사이클리스트' 라는 뜻의 라들러와 '리터'라는 뜻의 매스)라는 사이클리스트를 위한 갈증을 풀어주는 음료를 발명했다고 주장했다. 자전거를 즐기는 이들은 독일 전역의 펍에서 라들러매스를 요청하기 시작했고, 그 인기 빠르게 독일 전역으로 뻗어 나갔다.

오늘날 라들러 맥주는 자전거를 즐기는 사람들뿐만 아니라, 야외활동에 갈증 해소용 음료, 저알콜을 맥주로 널리 사랑받고 있다. 야외활동의 갈증 해소, 수분 보충의 역할을 하면서도 낮은 알코올 함량 때문에 체온 상승이 상대적으로 낮아서 더욱 청량감을 준다.

요즘은 레모네이드뿐만 아니라 자몽, 귤 등의 다양한 과일을 베이스로 한 탄산음료와 혼합하여 알코올 함량 2~3% 정도의 다양한 라들러 맥주가 판매되고 있다. 라이트 비어보다 일반적인 라거의 느낌을 살리는 라들러를 즐기는 이들은 고알코올 맥주에 탄산이 있는 레몬 소다를 혼합하여 4~5%대의 라들러를 즐기기도 한다.

　가장 보편적인 라들러는 필스 등 페일라거 스타일에 레몬 소다를 1:1 비율로 혼합한다. 청량감 있는 바이젠 스타일을 베이스로 하기도 한다.

　맥주순수령의 나라 독일 시골의 펍 주인이 맥주 부족사태를 막기 위해서 맥주와 혼합한 레모네이드는 세계 맥주역사에 남을 획기적인 이벤트가 되었다.

| 나만의 맥주 칵테일 만들기 |

맥주로 칵테일을 만든다는 생각은 일반적이지 않다. 하지만, 어찌 보면 우리나라 맥주 칵테일의 역사는 꽤 오래되었다고 할 수 있다. '소맥'이 우리나라 맥주 칵테일의 원조라고 해야 하지 않을까? 우리나라 맥주시장은 너무 오랜 기간 단조로운 스타일 맥주 위주였기에 그 밋밋함을 업그레이드하기 위한 나름의 커스터마이징이 소맥이었다.

이제 너무나 다양한 맥주를 쉽게 접할 수 있다. 다양한 스타일의 맥주를 이용해서 색다르고 한층 업그레이드된 칵테일을 즐길 수 있다.

맥주 칵테일의 큰 장점은 만들기가 매우 쉽고 단순하다는 것이다. 아무리 맛있는 칵테일도 만들기 어렵고 번거롭다면 자주 즐기기는 쉽지 않다. 몇 가지 기본적인 원칙만 지킨다면 무궁무진한 맥주 칵테일을 즐길 수 있다.

〈맥주 칵테일 제조 룰〉

1. 맥주가 메인

맥주 칵테일은 맥주가 메인이다. 잔의 대부분을 맥주가 채우고 다른 술이나 재료는 부가적으로 소량만 사용한다.

2. 맥주만으로도 칵테일 제조 가능

다른 종류의 술이나 주스, 믹서 등을 사용하지 않고 맥주만 사용해도 멋진 맥주 칵테일을 만들 수 있다. 다른 스타일의 맥주만 적절하게 믹스해도 훌륭한 칵테일을 만들 수 있다.

3. 흔들거나 젓지 말 것

맥주 칵테일은 다른 칵테일과는 달리 절대로 쉐이커에 넣어서 흔들거나 스틱으로 휘젓지 않는다. 너무나 당연한 이치다. 맥주의 생명은 탄산에서 오는 청량감이다. 탄산음료를 흔들어 김빠진 밋밋한 음료를 만들 필요는 없다.

4. 크리미한 술이나 음료와 섞지 말 것

일반적인 칵테일에서는 베일리스 같은 크림 리커를 자주 사용한다. 하지만 크림, 유지방이 함유된 리커나 음료는 탄산을 함유한 맥주와 근본적으로 잘 섞이지 않는다. 잘 섞이지 않으며 김빠진 음료가 될 뿐만 아니라 지방 성분이 분리되어 입에서 불쾌한 촉감을 유발할 수 있다.

　5. 상호 반대되는 향보다 비슷한 향을 가진 재료와 믹스

　맥주 자체의 향을 더 끌어내고 증폭시켜 줄 수 있는 재료와 믹스하는 것이 칵테일의 풍미를 훨씬 더 깊게 만들어준다.

　예를 들어 페일 에일이나 IPA와 소량의 과일 리커, 진, 과일 주스 등과 믹스하면 맥주의 홉 아로마를 더 증폭시켜준다. 포터나 스타우트 스타일 맥주와 커피, 초콜릿 베이스 리커나 음료와 섞어도 맥주의 맥아 캐릭터를 더 잘 느낄 수 있다.

　6. 페일 라거와 레모네이드, 라임 소다

　페일 라거 스타일 맥주는 홉의 아로마가 매우 약하기 때문에 가볍게 즐기며 끝맛에 시트러스 과일의 풍미가 홉의 아로마를 대신할 수 있다.

〈슈퍼 심플 맥주 칵테일〉

1. 라들러 *Radler*

재료 : 라거 맥주 1 : 스파클링 레모네이드 1

잔의 절반을 스파클링 레모네이드로 채우고 그 위에 라거로 채움

2. 트로리안 목마 *Trojan Horse*

재료 : 스타우트 맥주 1 : 콜라 1

스타우트 맥주로 잔의 절반을 채우고 그 위에 콜라를 채움

3. 레드 아이 *Red Eye*

재료 : 라거 맥주 6 : 토마토 주스 1, 날달걀(선택)

토마토 주스를 잔에 먼저 따르고 맥주를 채움, 소금, 날달걀 선택

4. 블랙 앤 탠

Black and Tan

재료 :

스타우트 1 : 밀맥주 1

밀맥주를 먼저 잔에 따르고 스타우트 맥주를 위에 따름. 수저 등을 이용해서 스타우트 맥주를 천천히 따라 섞이지 않게 하는 것이 관건

20. 미국의 맥주문화혁명 '크래프트 비어'

미국의 크래프트 비어 문화는 1970년대 후반에 시작되었다. 1919~1933년까지 시행된 금주령 *Prohibition*은 미국 맥주 산업에 큰 타격을 주었다. 금주령 이후에는 몇몇 대형 맥주 기업이 시장을 독점하면서 단조롭고 대량 생산된 라거가 주류가 되었다.

1978년, 대통령 지미 카터가 홈브루잉 *Homebrewing*(가정에서 맥주를 양조하는 것)을 합법화하면서 크래프트 비어의 기초가 마련되었다. 이를 계기로 소규모 양조장이 증가하기 시작했다.

1980년대부터 크래프트 비어 산업은 점차 확산되었고, 21세기에 들어서는 폭발적인 성장을 이루었다. 시에라 네바다 *Sierra Nevada*, 앵커 브루잉 *Anchor Brewing*, 샘 아담스 *Sam Adams*와 같은 초기 양조장이 크래프트 비어의 선두주자로 떠올랐다.

크래프트 맥주는 IPA *India Pale Ale*, 스타우트 *Stout*, 포터 *Porter*, 사워 *Sour* 등 다양한 스타일을 선보이며 대형 맥주 기업들이 제공하지 못했던 색다른 경험을 제공했다. 지역 재료와 전통을 활용한 크래프트 맥주는 각 지역의 정체성을 반영하며 커뮤니티와 강하게 연결되었다.

미국 크래프트 비어 문화는 창의성과 혁신을 바탕으로 독특한 재료를 사용하거나 새로운 양조 기법을 시도하며, 소비자들에게 끊임없이 신선한 경험을 제공한다. 예를 들어, 과일, 커피, 초콜릿, 허브 등 다양한 재료가 맥주에 첨가되기도 한다.

크래프트 비어 붐과 함께 IPA는 미국 크래프트 맥주의 대표적인 스타일로 자리 잡았다. 특히, 홉의 강한 풍미와 쌉싸름한 맛이 돋보이는 '웨스트 코스트 IPA'와 균형감 있는 '뉴 잉글랜드 IPA'가 인기를 끌고 있다.

크래프트 비어의 규모는 미국양조협회Brewers Association에서 연간 600만 배럴 이하의 생산량을 유지하며 독립적으로 운영되는 양조장으로 규정하고 있다.

크래프트 비어는 단순히 음료 산업을 넘어, 경제적, 사회적 변화를 이끌었다. 크래프트 양조장은 지역 경제에 긍정적인 영향을 미치며 수많은 일자리를 창출했다. 맥주 애호가들을 위한 '맥주 관광 Beer Tourism'을 활성화했다. 포틀랜드, 샌디에이고, 덴버 등은 크래프트 비어 도시로 유명하다.

또한 크래프트 비어는 단순히 맥주를 소비하는 것을 넘어, 음료를 통한 예술과 문화의 표현 방식으로 자리 잡았다. 그레이트 아메리칸 비어 페스티벌Great American Beer Festival과 같은 행사는 다양한 크래프트 맥주를 선보이며 맥주 문화를 축제화하며 소비자들 사이에서 취향과 이야기를 공유하는 소통의 매개체가 되었다.

하지만 가파르게 성장하던 크래프트 비어 산업도 대형 맥주회사와의 경쟁, 시장 포화, 원재료 비용 상승 등 다양한 도전에 직면해 있다. 그럼에도 지속적인 혁신과 품질 유지, 지역사회와의 유대 강화 등을 통해 꾸준히 성장을 꾀하고 있다.

결론적으로 미국의 크래프트 비어 문화는 소비자의 요구에 부응하며 대규모 산업과 차별화된 경험을 제공한다. 이는 단순한 맥주 양조를 넘어, 예술, 경제, 지역사회와 결합된 독창적인 문화로 자리 잡고 있다. 오늘날 크래프트 비어는 미국 맥주 산업의 미래를 이끄는 중요한 동력으로 평가받고 있다.

| 나만의 인생맥주 즐기기! |

어떤 맥주를 마시더라도 어떻게 마시느냐에 따라 맛과 풍미가 달라진다. 맥주의 맛과 향을 극대화하며 나만의 인생맥주를 즐기는 몇 가지 팁은 다음과 같다.

스타일에 맞는 맥주잔 고르기

맥주 스타일에 맞는 올바른 글라스 웨어의 선택은 맥주 맛을 좌우하는 매우 중요한 요소다. 전문 펍에서는 다른 스타일의 맥주가 종종 특정한 종류의 잔에 제공된다. 아로마가 확연한 캐릭터의 에일 맥주들은 보통 향을 강화하기 위해 튤립 잔에 제공되는 반면, 필스너는 일반적으로 길고 좁은 잔에 제공된다.

풍미를 극대화하는 최적의 온도

서빙 온도는 맥주의 맛에 크게 영향을 미칠 수 있다. 일반적으로, 밝은 맥주는 더 차갑게 제공되는 반면, 어두운 맥주는 실온에 더 가깝게 제공된다. 스타일 별 맥주의 권장 서빙 온도를 확인하여 그에 최대한 근접한 온도로 음용하면 더욱 깊은 풍미를 느낄 수 있다.

라이트 라거 *Light Lager* : 3~7°C

필스너 *Pilsner* : 4~8°C

헬레스 *Helles* : 4~7°C

페일 에일 *Pale Ale* : 7~12°C

IPA *India Pale Ale* : 8~12°C

앰버 에일 *Amber Ale* : 7~10°C

브라운 에일 *Brown Ale* : 10~13°C

포터 *Porter* : 10~13°C

드라이 스타우트 *Dry Stout* : 10~12°C

임페리얼 스타우트 *Imperial Stout* : 12~15°C

벨지안 트리펠 *Belgian Tripel* : 8~12°C

세종 *Saison* : 8~12°C

듀벨 *Dubbel* : 10~14°C

바이젠 *Hefeweizen* : 4~7°C

윗비어 *Witbier* : 4~8°C

람빅 *Lambic* & 크릭 *Kriek* : 4~10°C

사워 *Sour Ale* : 7~13°C

올바른 맥주 따르기

맥주잔을 찬물로 헹구고 물기를 닦지 않은 상태에서 45도 각도로 잔을 기울이고 잔의 측면 아래로 천천히 맥주를 따라 붓는다. 그리고 맥주가 잔에 입술이 닿는 부분(림)까지 차면 바로 세워 거품을 내며 마무리한다. 이렇게 따르면 과도한 거품을 방지하고 탄산이 가라앉도록 도와준다.

환상의 비어푸드 페어링

맥주, 요리의 맛을 극대화하는 나만의 비어푸드 페어링을 찾는 것도 좋은 방법이다. 같은 맥주라도 어떤 요리와 페어링하느냐에 따라 우리가 느끼는 맛과 풍미가 완전히 달라지기도 한다.

필스너나 밀맥주와 같은 가벼운 맥주는 종종 해산물이나 샐러드와 잘 어울리고, 스타우트나 포터와 같은 어두운 맥주는 스테이크나 초콜릿 디저트와 같은 푸짐한 요리와 잘 어울린다.

섬세한 아로마를 즐길 것!

시원한 맥주를 보면 바로 벌컥벌컥 마시고 싶은 유혹을 떨쳐버릴 수 없다. 하지만 한 템포 늦춰서 한 모금 마시기 전에, 잠시 시간을 내어 맥주의 향을 감상해 보라. 맥주를 잔에 부드럽게 휘저어 향기를 내뿜은 다음, 깊은 아로마를 맡아 후각을 즐겁게 할 수 있다.

맥주의 맛, 특성을 알고 시음하기

마침내 한 모금 마셨을 때, 맥주를 삼키기 전에 잠시 동안 입안에 머물러 있게 한다. 맛과 질감에 주의를 기울이고, 단맛, 쓴맛, 몰티함, 질감 등 맥주의 속성을 느끼도록 시음한다.

그 외에 맥주를 마실 때 충분한 수분을 섭취하는 것은 매우 중요하다. 맥주의 알코올은 몸에서 탈수 현상, 갈증을 유발한다. 맥주를 마시며 중간중간 물을 마시는 것은 탈수 예방, 숙취 예방, 과음 방지에 매우 중요하다.

자신의 적정 주량을 알고 그에 맞게 즐겁게 맥주를 즐기는 것이 가장 중요하다. 맥주는 취하기 위해 부어라, 마셔라 하는 술이 아니다. 특성을 알고 즐길 때 훨씬 더 좋은 경험을 만들 수 있다. 훌륭한 맥주! 훌륭한 음용 방식으로 성숙한 음주 문화를 즐기기 바란다.

21. 홈브루잉 문화의 확산

홈브루잉 *Homebrewing*은 가정에서 직접 맥주를 양조하는 활동으로, 최근 몇십 년간 전 세계적으로 큰 인기를 끌며 맥주 문화의 중요한 축으로 자리 잡았다. 이 문화는 개인의 창의성을 발휘하고, 맥주에 대한 깊은 애정을 표현하며, 새로운 맥주 스타일을 탐구할 수 있는 매력적인 취미 활동으로 확산되고 있다.

홈브루잉은 사실 인류의 맥주 양조 초기부터 시작된 자연스러운 활동이다. 하지만 현대적 의미에서의 홈브루잉 문화는 몇 가지 중요한 사건을 통해 부흥했다.

미국 금주령으로 인해 상업적 맥주 양조가 중단되면서 일부 사람들은 비공식적으로 맥주를 집에서 양조했다. 그러던 것이 1978년 미국 대통령 지미 카터가 가정 양조를 합법화하면서 현대 홈브루잉 문화의 기틀이 마련되었다. 이후 전 세계적으로 홈브루잉 관련 법이 완화되며 많은 사람들이 참여할 수 있게 되었다.

홈브루잉은 단순한 취미를 넘어선 독특한 매력으로 전 세계적으로 확산되었다. 홈브루잉은 자신의 취향에 맞춘 맥주를 직접 설계하고 양조할 수 있는 기회를 제공한다. 독특한 재료를 추가하거나 실험적인 양조 방식을 시도할 수 있어 개성과 창의성이 드러난다.

홈브루잉은 양조 과정을 배우고, 맥주 스타일과 역사, 화학적 원리를 이해할 수 있는 교육적인 활동이기도 하다. 홈브루어들은 지역 모임, 클럽, 페스티벌을 통해 자신들의 맥주를 공유하고 아이디어를 교환하며 커뮤니티를 형성한다.

초기에 크고 작게 장비 비용이 들지만, 장기적으로는 상업용 맥주 구매보다 경제적일 수 있다. 크래프트 비어 문화의 확산은 홈브루잉에 대한 관심을 더욱 촉진시켰다. 소비자들의 상업용 맥주를 넘어 자신만의 독창적인 맥주를 만들고자 하는 욕구가 더욱 커지고 있다.

홈브루잉은 다양한 지역과 국가에서 각기 다른 방식으로 발전하고 있습니다. 미국에서는 홈브루잉 문화의 중심지로, 미국 홈브루어 협회*American Homebrewers Association, AHA*와 같은 단체가 활성화되어 있다. *AHA*는 매년 전국 홈브루잉 대회를 개최하며, 수많은 홈브루어들이 참가한다.

유럽의 독일, 영국, 벨기에와 같은 맥주 문화가 깊은 국가에서는 전통적인 양조 방식을 기반으로 한 홈브루잉이 활발하다. 한국, 일본 등에서도 최근 크래프트 비어의 인기와 함께 홈브루잉이 성장하고 있다. 특히, 온라인 커뮤니티와 SNS를 통해 홈브루어들이 쉽게 정보를 공유하고 있다.

홈브루잉은 간단한 키트로 시작할 수도 있으며, 경험이 쌓일수록 더 복잡한 장비와 기술을 사용할 수 있다. 기본적으로 아래와 같은 브루잉에 대한 기본적인 이해가 필요하다.

재료 준비: 맥아(보리), 홉, 효모, 물
당화과정: 곡물을 가열해 발효 가능한 당을 추출
발효: 효모를 첨가해 당을 알코올과 이산화탄소로 변환
병입: 발효가 끝난 맥주를 병이나 캔에 담아 탄산을 형성

고급 홈브루어들은 드라이홉*dry hopping*, 배럴 숙성*barrel aging*, 사워 맥주 양조 등 창의적이고 전문적인 기법을 사용하기도 한다.

반면에 최근 기술의 발전은 홈브루잉을 더 쉽게 접근할 수 있게 만들었다. 완전 자동화된 양조 기계가 출시되어 초보자도 간단히 시작할 수 있다. 유튜브, 포럼, 블로그를 통해 홈브루잉 지식을 쉽게 얻을 수 있다. 맥주 레시피 설계, 발효 추적 등을 돕는 다양한 앱이 개발되어 보다 정교한 홈브루잉을 돕는다.

하지만 홈브루잉은 여전히 몇 가지 도전에 직면하고 있다. 아직도 일부 국가에서는 홈브루잉이 제한적이거나 금지되어 있다. 초기 비용과 시간 투자가 필요하며, 기술적 실패 가능성도 존재한다.

하지만 크래프트 비어 문화와 창의적인 소비자의 증가로 홈브루잉은 지속적으로 성장할 전망이다. 특히, 지역 커뮤니티와 연계한 활동과 새로운 기술의 도입은 이 문화를 더욱 확산시킬 것이다.

홈브루잉은 단순한 취미를 넘어, 맥주에 대한 사랑과 창의성을 표현하는 활동이다. 현대의 홈브루잉 문화는 크래프트 비어 붐과 맞물려 전 세계적으로 확산되며, 맥주 애호가들이 자신의 열정을 실현할 수 있는 장을 제공한다. "맥주 양조는 예술이자 과학이다."

| 홈브루잉 2차발효 팁! |

홈브루잉한 맥주를 병입한 후에 2차발효를 진행하는 경우가 많다. 맥주의 2차발효는 무엇이며 그 장단점은 무엇일까?

2차발효란 메인 발효조에서 1차 발효를 마친 효모가 살아있는 맥주에 추가적인 발효를 진행하는 과정이다. 1차 발효조에서 진행할 수도 있고, 케그, 케스크, 병 등에 옮겨 진행할 수도 있다.

2차발효를 통해 1차발효에서 미처 소모되지 않은 당분(맥아당)을 소모하기도 하고 추가로 설탕 등 발효당을 추가하여 발효를 진행하기도 한다. 알콜 발효는 효모가 발효당을 소비하고 알콜과 이산화탄소를 배출하는 과정이다.

일반적으로 말하는 넓은 의미의 2차발효는 실제 2차발효 *secondary fermentation*와 숙성 과정 *aging*을 포함하여 의미하기도 한다.

기본적인 2차발효를 통해서 잔여당을 완전히 소모하여 단맛을 없애 드라이한 피니시를 낼 수 있고 당의 추가로 알콜 도수와 탄산압을 높일 수도 있다. 기본적인 알콜발효 과정 외에 숙성을 통해 맛과 풍미의 변화를 가져온다.

넓은 의미의 2차발효를 통해 얻을 수 있는 장점은 다음과 같다.
1. 드라이한 피니시
2. 더 톡 쏘는 탄산감
3. 깔끔한 청량감
4. 이취 제거 및 향 안정화
5. 탁도 안정화
6. 맛의 밸런스 최적화
7. 보다 부드러운 맛과 선명한 컬러

2차발효의 단점
1. 2차발효 용기 세척 상태에 따라 이취가 발생할 수 있음
2. 산소에 노출되어 산화에 의한 이취가 발생할 수 있음
3. 용기 구매 등 추가적인 비용 발생
4. 번거로움
5. 맥주 음용까지 추가적인 시간이 필요

맥주의 2차발효는 짧게는 2~3일에서 몇 달까지 진행할 수 있다. 일반적인 에일의 경우 1주일 정도의 2차발효 기간으로도 충분

하다. 발리와인, 임페리어스타우트 등과 같이 당 함량이 높은 맥주는 조금 더 길게 시간을 가져도 좋다. 라거는 더 낮은 온도에서 오래 2차발효 숙성과정을 거치는 것이 좋다.

2차발효의 단점이 있음에도 많은 홈브루어들이 2차발효 과정을 선택하는 이유는 그것을 보상할 만한 충분한 장점이 있기 때문이다.

병입 숙성한 맥주에서 약간의 산미가 느껴지는 경우가 있다. 맥주에서 신맛은 양조자가 의도하지 않았다면 이미/이취 *off-flavor*로 분류된다. 의도하지 않은 맥주의 산미는 왜 생기는 걸까?

맥주에서 신맛이 나는 원인 중 가장 큰 것은 맥주 용기, 장비, 도구 등의 부적절한 소독 때문이다. 공기 중은 물론이고 위에서 나열한 도구 표면에는 무수한 미생물들이 존재한다. 이런 야생의 효모나 박테리아(*Brettanomyces, Lactobacillus, Pediococcus* 등)와 접촉으로 인해 알콜발효 이외에 원치 않는 산발효가 진행되고 신맛이 나게 된다.

따라서 내압 용기 및 기타 도구의 소독은 매우 중요하다. 용기, 도구 등을 완벽하게 멸균, 건조했다고 하더라도 여전히 산발효의 여지는 있다. 병입 발효 시 공기에 노출되는 과정, 병입 후 빈 공간의 공기 속 박테리아 *Acetobacter bacteria*에 의해서 알콜이 아세트산 *acetic acid*으로 바뀌게 된다.

맥주 2차발효에는 예상지 못한 수많은 요소에 의해 의도치 못한 맛의 변화가 생길 수 있다. 세상의 둘도 없는 나만의 맥주를 커스터마이징하는 병입 발효·숙성 맥주의 완성도를 높일 수 있는 몇 가지 팁을 정리해 본다.

1. 끓는 물에 설탕 녹여서 사용

설탕을 내압병에 넣어도 예상했던 만큼 탄산화가 진행되지 않는 경우가 있다. 온도, 시간, 효모양 등 여러 요인이 있지만, 설탕이 균일하게 녹지 않아서 그런 경우도 있다. 물과 설탕을 1:1 비율로 끓여서 식힌 후에 사용하면 맥주에 균일하게 녹아서 탄산화가 더 잘 이루어질 수 있다.

2. 과유불급

과한 것은 오히려 부족한 것만 못하다. 과한 설탕, 과한 탄산화 시간은 오히려 과탄산을 발생하여 맛이 바람직하지 않은 것은 물론이고, 오픈할 때 넘치거나 내압병이 터질 수도 있다.

3. 소독 철저

내압병이나 도구들을 전용 세제로 철저하게 관리하는 것은 매우 중요하다. 스타산 같은 헹굴 필요 없는 소독제를 사용하는 것도 좋은 방법이다.

4. 산소 접촉 최소화

맥주를 내압병에 따를 때도 가급적이면 거품이 생기지 않도록 기울여서 낙차를 최소화하여 따른다. 낙차가 커서 거품이 생길 때는 맥주 안의 탄산이 올라오는 것뿐만 아니라 주변의 산소도 같이 맥주와 접촉하게 된다. 공기 중의 다양한 미생물과 접촉하게 된다.

5. 온도변화가 적고 어두운 곳에 보관

발효 탄산화가 진행되는 동안에도 온도가 일정하게 유지되는 것이 좋다. 당연히 자외선은 맥주 이취 발생의 원인이 된다.

6. 병입 후 병뚜껑 확인

간혹 병뚜껑을 확실하게 마무리하지 않아서 탄산이 날아가서 김 빠진 플랫 비어가 되는 경우도 있다.

7. 내압병에 2~3cm 여유 남기고 채우기

과탄산을 방지하기 위해 병 위에 2~3cm 여유를 남기고 맥주를 채운 후에 내압병을 눌러 공기가 최소한 남게 한 후에 마개를 닫는다.

8. 탄산화 후 충분한 저온 숙성

탄산화가 끝나고 충분한 저온 숙성 시간을 거친 후에 마시면, 훨씬 더 부드럽고 안정된 풍미를 느낄 수 있다.

9. 라벨 붙이기

맥주 스타일, 병입일자 등을 라벨로 붙여서 발효, 숙성기간을 체크하고 자신만의 데이터를 축적해 가는 것도 나만의 맛을 찾는 방법이다.

참고자료

| 참고문헌, 사이트 |

The British Museum Blog
Karl A. Wittfogel, Oriental Despotism- A Comparative Study of Total Power, Vintage
Egyptian Tourism Authority
https://www.expensivity.com/beer-around-the-world/
https://beerconnoisseur.com/articles/truth-about-origins-ipa
https://prohibition.themobmuseum.org/the-history/the-prohibition-underworld/alcohol-as-medicine-and-poison/
https://zythophile.co.uk/2014/06/06/you-wont-believe-this-one-weird-trick-they-used-to-fly-beer-to-the-d-day-troops-in-normandy/
https://terms.naver.com/entry.naver?docId=5706798&cid=60344&categoryId=60344
https://zythophile.co.uk/2014/06/06/you-wont-believe-this-one-weird-trick-they-used-to-fly-beer-to-the-d-day-troops-in-normandy/

Ultimate Beer, Michael Jackson
Great Beer Guide, Michael Jackson
Atlas of Beer, Nancy Hoalst-Pullen, Mark W. Patterson
https://en.wikipedia.org/wiki/Ninkasi
https://www.weihenstephaner.de/en/general/blog/detail/news/weihenstephans-founding-father-the-story-of-st-korbinian
https://en.wikipedia.org/wiki/Corbinian
https://www.trappist.be/en/products/beers/
https://www.thegrowlerguys.com/belgium-and-beyond-the-trappist-breweries-and-beers/
https://www.beermerchants.com/features/what-is-trappist-beer
https://beerandbrewing.com/dictionary/S8sTeCF7GV/
https://en.wikipedia.org/wiki/Trappist_beer
https://en.wikipedia.org/wiki/Reinheitsgebot
https://www.german-way.com/travel-and-tourism/germany-for-tourists/dining-out-in-germany/beer-and-wine/das-reinheitsgebot/
https://www.historytoday.com/archive/months-past/bavarian-beer-purity-law
https://www.history.com/topics/colonial-america/mayflower
https://www.familysearch.org/en/blog/mayflower-pilgrims
https://www.bbc.co.uk/newsround/54152197

https://www.bonappetit.com/story/ipa-beer-styles
https://beerconnoisseur.com/articles/truth-about-origins-ipa
https://www.theguardian.com/lifeandstyle/2015/jan/30/brief-history-of-ipa-india-pale-ale-empire-drinks
https://www.calories.info/food/beer
https://www.menshealth.com/uk/weight-loss/a744496/drink-beer-lose-weight-44706/
https://www.expensivity.com/beer-around-the-world/
https://beerconnoisseur.com/articles/truth-about-origins-ipa
https://prohibition.themobmuseum.org/the-history/the-prohibition-underworld/alcohol-as-medicine-and-poison/
https://zythophile.co.uk/2014/06/06/you-wont-believe-this-one-weird-trick-they-used-to-fly-beer-to-the-d-day-troops-in-normandy/
https://terms.naver.com/entry.naver?docId=5706798&cid=60344&categoryId=60344
https://zythophile.co.uk/2014/06/06/you-wont-believe-this-one-weird-trick-they-used-to-fly-beer-to-the-d-day-troops-in-normandy/
https://www.eatthis.com/guinness-beer-facts/
https://www.thefactsite.com/guinness-facts/
https://www.tenontours.com/guinness-fun-facts/
https://www.finedininglovers.com/article/15-strongest-beer

s-world

https://www.htfw.com/brewmeister-snake-venom-world-s-strongest-beer-free-branded-glass-beer-lager

https://www.oktoberfest.de/en

https://en.wikipedia.org/wiki/Oktoberfest

https://www.britannica.com/topic/Oktoberfest

https://en.wikipedia.org/wiki/Schweinshaxe

https://www.curiouscuisiniere.com/german-roasted-pork-knuckle/

https://www.expensivity.com/beer-around-the-world/

https://beerconnoisseur.com/articles/truth-about-origins-ipa

https://prohibition.themobmuseum.org/the-history/the-prohibition-underworld/alcohol-as-medicine-and-poison/

https://zythophile.co.uk/2014/06/06/you-wont-believe-this-one-weird-trick-they-used-to-fly-beer-to-the-d-day-troops-in-normandy/

https://terms.naver.com/entry.naver?docId=5706798&cid=60344&categoryId=60344

https://zythophile.co.uk/2014/06/06/you-wont-believe-this-one-weird-trick-they-used-to-fly-beer-to-the-d-day-troops-in-normandy/

https://www.craftbeering.com/schweinshaxe-bavarian-roasted-pork-knuckle-recipe/

https://en.wikipedia.org/wiki/Eisbein
https://en.wiktionary.org/wiki/Eisbein
https://en.wikipedia.org/wiki/Pilsner
https://www.craftbeer.com/styles/german-style-pilsener
https://www.masterclass.com/articles/pilsner-vs-lager
https://beerandbrewing.com/dictionary/NpUFIRRVLp/
https://www.oxfordreference.com/view/10.1093/acref/9780195367133.001.0001/acref-9780195367133-e-911
https://en.wikipedia.org/wiki/Louis_Pasteur
https://www.britannica.com/biography/Louis-Pasteur
https://www.sciencehistory.org/historical-profile/louis-pasteur
https://en.wikipedia.org/wiki/Carl_von_Linde
https://www.sciencehistory.org/historical-profile/carl-von-linde
https://germanculture.com.ua/famous-germans/carl-von-linde-who-gave-the-world-the-refrigerator/
https://en.wikipedia.org/wiki/Emil_Christian_Hansen
https://www.britannica.com/biography/Emile-Christian-Hansen
https://www.carlsberggroup.com/newsroom/professor-jens-nielsen-is-awarded-the-emil-christian-hansen-gold-medal/
https://en.wikipedia.org/wiki/Lambic

https://www.thekitchn.com/beer-guide-what-is-lambic-beer-78258
https://www.cantillon.be/?lang=fr
https://en.wikipedia.org/wiki/Cantillon_(brewery)
https://budejovicky-budvar.com/?redirect_from=budweiser-budvar&redirect_code=1
https://en.wikipedia.org/wiki/Budweiser_Budvar_Brewery
https://www.expensivity.com/beer-around-the-world/
https://www.visualcapitalist.com/wp-content/uploads/2021/02/World-Beer-Index-2021-Per-Capita-Beer-Consumption-FullWidth.html
https://www.atf.gov/our-history/timeline/18th-amendment-1919-national-prohibition-act
https://en.wikipedia.org/wiki/Prohibition_in_the_United_States
https://www.history.com/topics/roaring-twenties/prohibition
https://en.wikipedia.org/wiki/Al_Capone
https://www.history.com/news/8-things-you-should-know-about-al-capone
https://themobmuseum.org/notable_names/al-capone/
https://en.wikipedia.org/wiki/Adolf_Hitler
https://www.britannica.com/biography/Adolf-Hitler
https://www.bbc.co.uk/teach/adolf-hitler-man-and-monste

r/zbrx8xs

https://www.warhistoryonline.com/instant-articles/beer-carrying-spitfires-of-wwii.html?chrome=1

https://en.wikipedia.org/wiki/Supermarine_Spitfire

https://en.wikipedia.org/wiki/Real_ale

https://camra.org.uk/

https://en.wikipedia.org/wiki/Pierre_Celis

https://www.theguardian.com/lifeandstyle/2011/apr/19/pierre-celis-obituary

https://austin.eater.com/2011/4/11/6687385/pierre-celis-founder-of-austins-celis-brewery-dies-at-86

https://www.greatamericanbeerfestival.com/news/get-your-tickets-for-the-2023-great-american-beer-festival-today/

https://www.brewersassociation.org/press-releases/great-american-beer-festival-plans-for-return-to-in-person-gathering-in-2022/

https://breweriesinpa.com/2023-great-american-beer-fest-winners-from-pennsylvania/

https://commons.wikimedia.org/wiki/File:Kugler_Alm.jpg

https://haberl.de/portfolio-item/kugleralm/

https://commons.m.wikimedia.org/wiki/File:GER_%E2%80%94_BY_%E2%80%94_Oberbayern_%E2%80%94_Lkr._M%C3%BCnchen_%E2%80%94_Oberhaching_%E2%80%94_Linienstra%C C

3%9Fe_93_%28Kugler_Alm%29.jpg

https://www.weihenstephaner.de/en/our-brewery

https://www.reddit.com/r/coolguides/comments/7jhrgm/beer_color_appearance_chart/

https://biathlonanalytics.com/category/ibu-insider/

https://www.ibu-tec.com/blog/iron-oxide-nanoparticles/

https://e.vnexpress.net/news/travel/places/world-s-largest-beer-festival-opens-4796225.html

https://www.lonelyplanet.com/articles/best-beer-festivals-bavaria

https://www.reuters.com/pictures/cheers-oktoberfest-inside-legendary-beer-festival-2023-09-18/

https://www.globaltimes.cn/page/202307/1294403.shtml

https://chicagoevents.com/event/chicago-craft-beer-fest/

https://events.olympia.london/whatson/great-british-beer-festival

https://www.aberdeencamra.org.uk/news/beer-bottle-or-can

https://source.colostate.edu/bottles-vs-cans-csu-beer-study-shows-amber-ales-age-best-in-bottles-ipas-fine-either-way/

https://www.micetcraft.com/difference-between-bottled-and-canned-beer/

https://www.discoveringbelgium.com/what-is-lambic-beer/
https://byo.com/article/lambic-brewing-with-bacteria/
https://drinkbelgianbeer.com/breweries/brouwerij-sako-belgiums-newest-lambic-brewery
https://www.americancraftbeer.com/what-the-hell-is-a-lambic/
https://www.craftbeer.com/craft-beer-muses/cask-ale-draught-beer-at-its-best
https://beerandbrewing.com/brewing-and-conditioning-cask-ale-at-home-simplified/
https://www.britannica.com/topic/Guinness-Brewery
https://www.guinnessbrewerybaltimore.com/our-story
https://www.carlsbergvenues.com/historical-tours/
https://www.scandinaviastandard.com/take-a-tour-inside-the-old-carlsberg-factory/
https://www.britannica.com/biography/Carl-Paul-Gottfried-von-Linde
https://camra.org.uk/awards/pub-of-the-year
https://www.oktoberfest.de/en/beer-tents/big-tents/loewenbraeu-festzelt
https://www.cantillon.be/?lang=en